HACER DINERO ESTÁ
MATANDO
SU NEGOCIO

Cómo construir una empresa que se pueda
disfrutar sin renunciar a la vida personal

CHUCK BLAKEMAN

Crankset Group
PUBLISHING

Traducido por: Diego Pineda
www.GrupoCrankset.com

Diseño de portada e interior por: GB Studio
www.gb-studio.tv

ISBN-13: 978-0-9843343-9-1

Contenidos

PARTE I

TOME EL CONTROL

Conquistando la tiranía de lo urgente

Ningún empresario puede sobrevivir haciendo dinero

Los logros vienen de la intención, no de la esperanza.

—CHUCK BLAKEMAN

L a mayoría de los empresarios piensa que el propósito de todo negocio es hacer dinero. Pero no es así. El propósito del empresario es construir un negocio que haga dinero. Y hay una gran diferencia entre las dos cosas. Desafortunadamente, los empresarios se pasan la vida tratando de hacer dinero y eso impide que en realidad puedan hacer mucho dinero.

Unas semanas después del nacimiento de nuestro primer hijo, Diane y yo ya nos estábamos imaginando y anticipando cómo iba a ser cuando creciera, se graduara de la universidad y fuera independiente. Tuvimos esa misma conversación después del nacimiento de nuestros tres hijos.

Hoy, dos de ellos tienen sus propios negocios y el tercero se gradúa de la universidad este año. Los tres son adultos y nos encanta pasar tiempo con ellos. Nos gusta mucho pasar una tarde, un día festivo, o incluso unas vacaciones con ellos porque recibimos tanto como les damos.

Quizás Diane y yo somos extraños. Desde el principio vimos a nuestros hijos no como niños solamente, pero como adultos en proceso. Éramos conscientes que en algún momento todo el tiempo personal, las emociones, y el dinero que invertimos en guiarlos iba eventualmente a madurar y convertirse en una relación recíproca. Esperábamos que como adultos, todos invirtiéramos en los demás, nos ayudáramos a encontrar significado para nuestras vidas y simplemente disfrutáramos de la compañía mutua por muchas décadas futuras.

NUESTRAS EMPRESAS TAMBIÉN DEBEN CRECER

Tal vez esa perspectiva me ayuda a ver los negocios de una manera diferente. Yo creo que las empresas también deben crecer. Y no se trata de desear que algún día pase. Se trata de que cada uno de nosotros tenga la expectativa que nuestras empresas crezcan y den rendimiento tanto para nosotros como para el mundo alrededor. Debemos suponer que nuestras empresas se van a mover de la supervivencia hacia el éxito y el significado.

Nadie me discutiría que nuestra intención es que nuestros hijos crezcan, salgan de casa y sean adultos que podamos disfrutar por décadas. ¿Pero cuándo fué la última vez que tuvimos una conversación similar acerca de nuestras empresas? Es normal que los niños crezcan, ¿por qué no es lo mismo para las empresas? Honestamente, estamos a cargo de ambos desde que nacen, y quienes han tenido hijos saben que es más fácil controlar la madurez de una empresa que la madurez de los hijos.

Pero aún así la mayoría de las empresas nunca crece.

Nos pasamos décadas cambiando los pañales de la empresa y hablando con el rector de la escuela para sacarla de apuros. Veinte años después de imprimir las tarjetas del negocio seguimos gastando tanto tiempo, emociones y dinero como al principio. ¿Por qué anticipamos la madurez de nuestros hijos pero no la de nuestras empresas? ¿No creen que deberíamos disfrutar una empresa madura también por muchas décadas?

La raíz del problema es el método convencional de hacer negocios que nunca nos va a permitir llevar una empresa a la madurez. Es difícil creerlo, pero el título de este capítulo es cierto. La misma cosa que la gente PIENSA que va a hacer exitosa a una empresa, un enfoque en tratar de hacer dinero, es lo que que le va a impedir ser exitosa. Los empresarios están demasiado ocupados haciendo dinero y ninguna empresa puede sobrevivir así.

No es un juego de palabras, es un problema grave. Muchos andan como locos tratando de hacer dinero, o aún peor, tratando pero no ganando nada. Estos intentos de simplemente hacer dinero impiden que la empresa alcance todo su potencial y no van a permitir que el empresario se enfoque en construir una empresa sólida que crezca algún día.

Si queremos tener una empresa madura que podamos disfrutar por décadas y que haga dinero mientras estamos de vacaciones, vamos a necesitar una nueva visión de los negocios. Tal vez lo único que necesitemos sea retomar la perspectiva que teníamos cuando la empresa nació, y recuperar la pasión que nos atrajo al negocio en primer lugar. Es tiempo de hacer una cirugía en la forma en que pensamos y trabajamos para poder llevar a la empresa de la supervivencia hacia el éxito y el significado.

Por muchos años, los empresarios han sido entrenados por sus propias empresas a que se enfoquen en hacer dinero (y otras distracciones poco productivas), igual que el resto de las empresas a su alrededor. Pero todas estas empresas son un mal ejemplo, pues se copian las unas a las otras en sus malos hábitos y suponen que esa es la forma de hacer negocios, pues todo el mundo hace lo mismo.

NORMAL, NO MEDIOCRE—CONSTRUYENDO UN NEGOCIO QUE HAGA DINERO POR NOSOTROS

No es normal tener un negocio que nunca crece. Es algo mediocre. Todos lo hacen así pero definitivamente no es normal. En el capítulo tres vamos a descubrir lo que significa ser normal, pero por ahora necesitamos entender algunos conceptos que nos van a ayudar a pasar de lo mediocre a lo normal. Lo intersante es que estos conceptos van en contra de las ideas convencionales sobre la forma de hacer negocios.

DOS REALIDADES OPUESTAS

Existe una explicación lógica para el porqué nos atascamos tratando de hacer dinero en lugar de construir un negocio que haga dinero por nosotros. Los empresarios están batallando diariamente por balancear dos realidades opuestas: La Tiranía de lo Urgente vs. La Prioridad de lo Importante.

Casi siempre y sin excepción dejamos que la tiranía de lo urgente nos distraiga de la prioridad de lo importante. Si ese es nuestro caso (aún sin ser conscientes de ello), probablemente nunca tendremos un negocio maduro.

Miremos ambos conceptos con más detenimiento:

Tiranía de lo Urgente	Prioridad de lo Importante
(Hacer dinero yo mismo)	(Construir una empresa que haga dinero)

←———————————————————→

| Debo ser reactivo | Debo ser proactivo |
| Rehén | Libre |

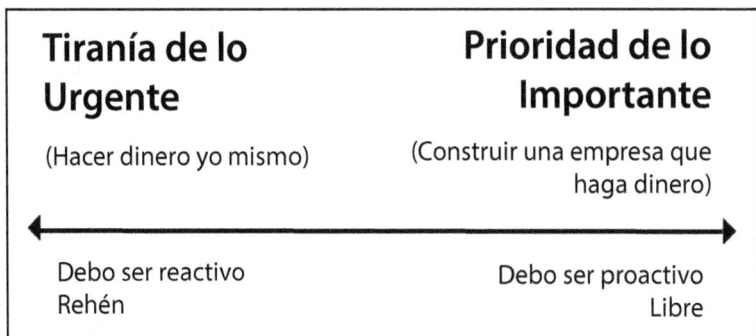

LA TIRANÍA DE LO URGENTE

Las cosas urgentes de nuestro negocio nos atacan todo el día, todos los días, lo que causa que siempre estemos reaccionando y a la defensiva tratando de mantener la empresa a flote a como de lugar. Saltamos de una tarea urgente a la otra, o peor aún, hacemos varias cosas a la vez y nos consideramos personas "multitareas." Las cosas urgentes son tiranos que quieren gobernarnos. Como niños fuera de control, gritan y patalean, nos empujan y dan codazos, siempre llamando nuestra atención. Nunca tenemos que ir a buscar las cosas urgentes, ellas nos encuentran y nos convierten en súbditos. Con el tiempo nos resignamos a que esto es normal porque nuestras empresas nos enseñaron a vivir de esta manera y, además, todas las demás empresas hacen lo mismo. Bienvenido a la caminadora empresarial.

LA CAMINADORA DE HACER DINERO

Una de las cosas más urgentes que el empresario enfrenta todos los días es la necesidad de hacer dinero para pagar las cuentas de hoy. Piénselo. El día que la empresa abrió, es como si una voz macabra comenzara a gritar: ¡Necesito dinero! Las oficinas modernas, los camiones último modelo, y la tienda en el centro de la ciudad rápidamente se convirtieron en un pasivo implacable en el flujo de dinero. De repente, el mayor problema de la empresa es no tener suficiente dinero.

Así que desde el principio el negocio le enseñó al empresario a hacer dinero. ¿Cómo se consigue dinero? Con los clientes. ¿Cómo se consiguen los clientes? Con las ventas. El empresario hace ventas, para conseguir clientes, para hacer dinero, porque el negocio le dijo que así lo hiciera.

Luego el empresario se da cuenta que los nuevos clientes no van a pagar simplemente por hacer un pedido, sino que hay que entregarles el producto para que puedan pagar. En ese momento, el enfoque pasa de las ventas a la producción, y cuando los productos y servicios son entregados, los clientes finalmente pagan. Y justo a tiempo, porque al día siguiente hay que pagar el alquiler.

Pero el empresario estaba tan ocupado produciendo que no tuvo tiempo de salir a conseguir nuevos clientes. Así que ahora tiene que salir a vender, conseguir clientes, producir, recibir pagos, salir a vender, conseguir clientes, producir, recibir pagos, y así sucesivamente. Como en una máquina caminadora donde una persona corre sin desplazarse de su sitio, el empresario se ha subido a la caminadora de hacer dinero. Corre y corre, tratando de hacer dinero, pero nunca avanza, y si deja de correr, se cae.

Con el tiempo, el empresario se acostumbra tanto a esa rutina que incluso cuando hay suficiente dinero para comprarse un automóvil nuevo e irse de vacaciones por un par de semanas, sigue trabajando a ese ritmo. Para entonces, ya se ha olvidado de toda la emoción que le hizo comenzar el negocio y ahora cree que su meta es hacer dinero.

Así es como la empresa entrena a su dueño. Los empresarios alrededor nuestro han sido entrenados para que cambien pañales por décadas. Y porque todo el mundo lo hace, se ve normal y natural—así es como funciona.

Nos olvidamos de la pasión de comenzar una empresa y nos enfocamos en hacer dinero.

Pero es un callejón sin salida.

Esa es la razón principal por la cual las empresas nunca crecen. En el mejor de los casos la compañía es vendida por el valor de su patrimonio y su lista de clientes cuando el dueño se baja de la caminadora a disfrutar de su "vida de retirado," que por cierto, es una idea anticuada de la Era Industrial que ha sido remplazada por algo más divertido y con significado—pero ese es el tema del capítulo seis. La tiranía de lo urgente crea una empresa que es como un niño de tres años que nunca crece.

LA PRIORIDAD DE LO IMPORTANTE

Lo opuesto a la tiranía de lo urgente es la prioridad de lo importante. Las cosas importantes se sientan en silencio y con paciencia en un rincón y susurran, "Soy muy importante. Pero tienes razón, ocuparte de mí ahora no te va a hacer dinero en este instante. Así que tal vez me pongas atención la próxima semana mientras pasas volando por mi lado."

Las cosas urgentes nos obligan a ser reactivos, pero las cosas importantes requieren que seamos proactivos porque casi nunca parecen ser urgentes—cosas como pensar en cómo va a ser el próximo mes o el próximo año, cómo debe verse la empresa cuando alcance la madurez, cómo reaccionan mis clientes a lo que les estoy vendiendo, si mis procesos son tan buenos como deberían serlo, y "Algún día tengo que escribir cómo hacemos esto." Ese tipo de cosas no nos generan dinero hoy, por lo que no parecen importantes, y definitivamente no son tan urgentes como pagar las deudas.

A propósito, no estoy sugiriendo que enfocarse en la tiranía de lo urgente no produce dinero. Eso es parte del problema. Conozco muchas personas que están haciendo millones de dólares que están totalmente enfocadas en la tiranía de lo urgente. Pero están en la caminadora también y no se dan cuenta. Si vivo reaccionando a lo urgente sólo podré tener riqueza, que es simplemente dinero, pero hacer lo importante me va a traer prosperidad, que es la libertad y habilidad de escoger qué hacer con mi tiempo.

> Las riquezas son dinero, pero la prosperidad es la libertad y habilidad de usar mi tiempo como quiera.

¿Qué es mejor? ¿Riquezas sin el tiempo para usarlas, o prosperidad que le permite al empresario irse de vacaciones mientras el negocio hace dinero por sí mismo? Si nos enfocamos en la tiranía de lo urgente y dejamos lo importante para después, lo más que lograremos es hacer dinero, pero nunca tanto como podríamos o deberíamos. Pero si nos enfocamos en la prioridad de lo importante ahora, estaremos en el camino hacia la verdadera prosperidad: libertad. Y la libertad es la mejor evidencia de que se tiene una empresa madura.

EL DESPUÉS NUNCA LLEGA

Jim Baylor, el dueño del Taller Automotriz Pacifica, solía tener una aversión intensa por los empleados, pues es tan buen mecánico que le era imposible encontrar a alguien que hiciera el trabajo tan bien como él. Y cada vez que contrataba a un mecánico, su teoría era confirmada, y los tenía que despedir.

Después de insistirle mucho, Jim finalmente cedió a "derrochar" unas cuantas tardes valiosas en el transcurso de tres meses (tiempo que hubiera podido usar para hacer dinero) para escribir unos procesos sencillos y los estándares de cómo le gustaría que se hicieran las cosas. Estas cosas eran naturales para él, así que escribirlas no parecía ser una buena manera de hacer más dinero—era como documentar cómo respirar. Pero lo hizo de todas maneras y luego gastó incluso más tiempo enseñándole los procesos a sus mecánicos para entrenarlos a que usaran unos estándares más altos y consistentes.

Ahora, Jim tiene ocho mecánicos trabajando para él y su taller es reconocido como uno de los de más alta calidad en su ciudad. No es sorpresa que ahora Jim confíe en que cada uno de sus mecánicos pueda hacer el trabajo tan bien como él, y algunos de ellos incluso mejor. Esta fué sólo una de las muchas cosas importantes que Jim hizo para cambiar su empresa y su vida personal, y que ahora lo tiene en el camino hacia una empresa madura. Hoy en día, cuando Jim está en la playa tomando una limonada, tiene la confianza que el negocio está haciendo dinero. Jim puede disfrutar tanto de sus hijos maduros como de su empresa madura.

HACER DINERO VS. CONSTRUIR UNA EMPRESA

La tiranía de lo urgente nos mantiene enfocados en hacer dinero. La prioridad de lo importante nos ayuda a construir una empresa que va a hacer dinero por nosotros. No me malentiendan. Tenemos que hacer dinero. Bueno, nosotros no, sino la empresa. El problema es que la empresa nos ha enseñado a usar nuestro tiempo personal para hacer dinero. Esto se conoce en inglés como *bootstrapping*, o sacar adelante un negocio sin ayuda. Si vendemos un aparato, usamos las ganacias para comprar dos más y vender esos para comprar cuatro más. A menos que se cuente con una gran inversión financiera desde el principio, probablemente nosotros mismos somos los que construímos los aparatos. Si nuestra estrategia para cercer la empresa es *bootstrapping*, tenemos que batallar con el hábito de enfocarnos en hacer dinero nosotros mismos. Ser los productores principales en nuestra propia empresa nos va a impedir, con toda certeza, que podamos construir un negocio que haga dinero mientras estamos de vacaciones.

El problema es que también tenemos que pagar las cuentas, incluso cuando apenas estamos analizando cómo salirnos del rol de productores. Para eso necesitamos usar un concepto simple llamado rastreo dual.

RASTREO DUAL

Si vemos a nuestros hijos como adultos en proceso, vamos a tomar decisiones que les van a ayudar tanto ahora como cuando sean adultos, lo que es una forma dual de pensamiento. En los negocios, el rastreo o seguimiento dual es simplemente encontrar la forma de satisfacer tanto lo urgente (hacer dinero para pagar las cuentas) como lo importante (llevar la empresa a la madurez) con las mismas actividades.

He aquí un ejemplo. Cuando comencé mi carrera aconsejando y siendo mentor de otros empresarios, yo estaba solo, era el único productor. Para conseguir clientes empecé una serie de almuerzos de negocios—llamados *Business Leader's Insight (BLI)* o Conocimientos para Líderes de Negocios—que aún se da cada martes dos años y medio después. Necesitaba clientes, así que lo hacía gratis (yo no cobraba pero cada persona pagaba por su propia comida en el restaurante). Era una gran manera de servir a la comunidad empresarial con mi experiencia y desarrollar credibilidad que me condujera a tener clientes. Hubiera sido

> El rastreo dual satisface tanto lo **urgente** como lo **importante** con las mismas actividades.

fácil enfocarme en usar los almuerzos para hacer dinero de una vez—guiar la discusión, conseguir clientes, producir, recibir pagos, luego ir y hacer otro almuerzo.

Pero yo no quería simplemente hacer dinero de estos almuerzos, sino que mi meta era encontrar formas de construir un negocio que hiciera dinero por mí. Desde el principio yo tenía claro en mi mente que quería crecer mi negocio para que fuera maduro. Así que en las dos semanas en que estaba reclutando gente para el primer BLI, me preguntaba a mi mismo todo el tiempo, "¿Cómo puedo usar esta actividad para construir una empresa que haga dinero mientras estoy de vacaciones?" Lo que descubrí no era nada del otro mundo, pero fué bastante útil.

Mi visión era que algún día pudiera tener facilitadores haciendo lo que yo hacía, ya fuera con sus propios almuerzos de negocios o hablando en el mío. Así que escribí un proceso: lo que hice para empezar los almuerzos, cómo recluté a la gente, los atributos del restaurante apropiado para el evento, cómo lograr la interacción de los participantes, y cómo crear un ambiente en el que los empresarios pudieran beneficiarse. También hice un volante y una guía para el líder para su primer almuerzo.

Escribir todo esto añadió unos buenos 45 minutos de preparación para cada almuerzo—tampoco una tonelada de tiempo—e incluso decidí hacer un volante y una guía para el líder para cada almuerzo de ahí en adelante. En lugar de simplemente ser el anfitrión, usé una actividad con el potencial de hacer dinero para construir un negocio que me iba a dar dinero después.

El documentar el proceso de comenzar y ser el anfitrión de un almuerzo, así como crear los volantes y las charlas cada semana, no me ha dado dinero directamente, por lo que podría haber considerado todo esto como una distracción. Pero ahora que tengo facilitadores y clientes en otras ciudades comenzando sus propios almuerzos, todo lo que he tendio que hacer es darles los procesos escritos y los materiales de las dozenas de talleres que ya he producido, más un poco de indicaciones generales. Lo único que tienen que hacer es seguir el proceso, añadir sus propios ejemplos a los volantes, y llevarlo a cabo.

Otra manera simple que se me ocurrió para hacer dinero sin estar presente fué grabar los almuerzos. Ahora tengo muchísimos que son distribuídos en Internet, ya sea gratuitamente para atraer clientes, o los vendo. También los hemos convertido en folletos informativos y se han convertido en la base de talleres y seminarios que yo doy. Incluso me han servido pra escribir este libro. Estos almuerzos ahora están haciendo dinero cuando estoy de vacaciones.

Las cosas importantes, como escribir los procesos, rara vez nos dan dinero instantáneamente, pero casi siempre nos van a hacer dinero en el futuro, más que cualquier cosa urgente que hagamos hoy. Si podemos hacerles un rastreo dual, muchísimo mejor.

Samantha y Cam Dewalt han sido los dueños de una tienda de ventanas por 22 años, vendiendo a otros almacenes y directo a clientes, con ingresos brutos de $2.5 millones de dólares por año, lo que les ha dado un buen estilo de vida. Ambos me dijeron que eran bastante felices con los 22 años detrás de ellos y con los próximos 15 por delante antes de retirarse. Pero a medida que hablamos de lo que significa la verdadera prosperidad (libertad), el rostro de Samantha se ponía cada vez más rígido, y luego de 45 minutos se acercó y me dijo suavemente, "Estoy harta de esto. Parece que nunca nos podemos ir por unos días. Esta cosa [su empresa] es como una roca alrededor de nuestro cuello." Veintidós años después seguían invirtiendo tanto tiempo y emoción en us empresa como cuando empezaron, y esto no es normal—mediocre, sí, pero no "normal." Es algo que nos desgastaría a todos y que a ella la estaba acabando.

Ese día comencé enseñándoles como hacer rastreo dual. Por primera vez en 22 años estaban construyendo un negocio y no simplemente haciendo dinero. Un par de meses después perdieron a su valiosa administradora. Cuando hablé con ellos unas dos semanas después de eso, le pregunté a Samantha cómo le estaba yendo a Jenna, la nueva persona que contrataron. Me dijo, "Antes nos hubiera tomado seis meses aprender a hacer todo por ensayo y error, lo que nos hubiera costado mucho dinero. Pero gracias a los procesos simples que hemos estado implementando, sólo tuvimos que capacitar a Jenna por unas horas durante dos días y ya sabe cómo hacerlo todo." Jenna,

Por primera vez en 22 años estaban construyendo su negocio, no simplemente haciendo dinero.

que estaba sentada con nostros, sonrió y señaló al mapa de procesos que habíamos hecho para la administradora anterior y dijo, "Desde que tenga esto, me va a ir muy bien."

Samantha y Cam comenzaron a construir un negocio maduro por primera vez en 22 años, y obtuvieron la confianza de que lo iban a lograr en un par de años, para después disfrutar de la vida por muchos años más.

Estos son sólo dos ejemplos del rastreo dual. No se trata de ser astuto o creativo, sino simplemente de encontrar maneras para usar cada actividad del negocio que genera dinero no sólo para pagar las cuentas, sino también para construir una empresa que en el futuro haga dinero cuando el dueño esté lejos, haciendo algo significativo con su vida personal.

Es vital que nos hagamos esta pregunta, "¿Cómo puedo usar esta tarea para construir una empresa que funcione cuando estoy de vacaciones?" Si aplicamos esa pregunta a cada tarea diaria de nuestro negocio, nuestra empresa va a crecer dramáticamente. Si nos enfocamos sólo en lo urgente, la empresa nunca será madura.

TIEMPO Y DINERO

Uno de los errores fundamentales de los empresarios es medir el éxito de la empresa con base en su rendimiento interno y no en lo que le provee a ellos como dueños. Un conocido mío me contó de una agente de bien raíz que estaba entre los cinco mejores agentes en el estado, haciendo más de $800.000 al mes en ingreso personal. Cuando le preguntaban cómo iba su negocio, ella siempre usaba palabras como "grandioso," "fabuloso," y "maravilloso." Pero si se analizaba su negocio en términos de lo que hacía por ella personalmente, era otra historia. Por muchos años, ella había evitado esta introspección y con una buena razón. Bajo la fachada glamorosa había un negocio que estaba consumiendo cada momento de su vida y afectando a su familia negativamente. Y teniendo en cuenta los gastos de mercadeo, incluyendo los comerciales de TV, radio, impresos, y su personal de soporte, todo su trabajo le daba un ingreso neto de $75.000 o menos por año. Su negocio parecía grandioso hasta que fué medido con base en lo que le proveía a ella como dueña.

Nuestro negocio debe ser construido para que nos provea dos recursos básicos: tiempo y dinero. Nos enfocamos mucho en cómo puede generarnos dinero pero casi nunca pensamos cómo nos podría dar tiempo. Y es esta separación entre los dos lo que no nos permite tener mucho de ninguno.

CONSTRUYENDO UNA EMPRESA MADURA

Tenemos que parar de medir el negocio con base en sí mismo. Mi definición de una "empresa madura" es desde el punto de vista del dueño, no desde el punto de vista de la empresa. Es el estilo de vida del empresario lo que indica la madurez de la empresa, no el crecimiento o ingreso de la compañía. Una empresa madura tiene un mínimo de dos atributos:

1. El dueño no es el *productor*—si lo es, es por decisión diaria y no porque lo *tiene* que ser.

2. Gracias al primer atributo, la empresa hace dinero cuando el dueño está de vacaciones.

Si es medida como debe ser, nuestra empresa nos dará tiempo y dinero, y la mejor prueba de ello es que continúa haciendo dinero cuando estamos de vacaciones. Además de esto, la madurez de una empresa incluye otras cosas (ver capítulo 4). Cuando un empresario tiene estas dos cosas básicas, entonces puede empezar a decidir qué nivel de madurez quiere.

PENSANDO DIFERENTE ACERCA DE LA MADUREZ EMPRESARIAL

Cuando le digo a mis clientes esta definición de una empresa madura, por lo general recibo esta respuesta: "Esto tiene mucho sentido. ¿Por qué no lo había escuchado antes?" Estoy de acuerdo. Me hubiera gustado que me retaran a hacer esto cuando era joven.

Una de las razones por las cuales no se enseña esto es porque el consejo "empresarial" que siempre nos dan es crecer un negocio para luego venderlo. Ese es supuestamente el punto máximo de una empresa—y suena sexy, también. El problema es que muy poca gente quiere entregarle años de su vida a una empresa simplemente para venderla y abandonarla.

Así como la gente no invierte tiempo en sus hijos sólo para terminar con fotografías e historias del pasado, tampoco va a querer invertir años de tiempo, dinero y energía creciendo una empresa para dejarla tirada. Ya sea consciente o inconscientemente (por lo general el último), todos sabemos que crecer un negocio para venderlo suena mucho como jubilación o como tener que volver a empezar desde cero. Así que la mayoría de empresarios no se hace a la idea de crecer un negocio para venderlo. Y si no lo vendemos, suponemos que la alternativa es crecerlo para que al menos nos dé dinero. Nos acomodamos, pasamos décadas enfocados en hacer dinero, y terminamos como Samantha—cansados de la trampa indispensable en la que nos metimos nosotros mismos. Todo lo que logramos al crear una empresa fue comprar un empleo y un negocio inmaduro que tenemos que cuidar por décadas.

Pero en el medio de todo hay una opción que muy pocos consideran y que es la opción correcta para la mayoría de nosotros: dejar el enfoque en hacer dinero, construir una empresa que haga dinero cuando estemos de vacaciones, y luego disfrutar del negocio por décadas en lugar de ser rehenes de nuestra propia empresa. ¿Por qué no construir una empresa tan buena que cualquiera la quisiera comprar, pero quedársela y disfrutarla? Mi esposa y yo nos sentiríamos muy bien si hay gente que quisiera comprar nuestra casa—eso nos indica que la casa es atractiva y buena para vivir en ella, razón por la cual no queremos venderla. Debería ser lo mismo con nuestras empresas.

LA MADUREZ TRAE LIBERTAD

Las expectativas que tenemos de nuestras empresas no deben ser menores que las que tenemos de nuestros hijos. Si no esperamos que nuestras empresas crezcan, vamos a estar cambiando pañales 22 años después de que empezamos, como en el caso de Samantha y Cam quienes ahora salieron de esa situación y tienen una compañía madura.

Hay que recordar que las riquezas son dinero, pero la prosperidad es la libertad y habilidad para escoger qué hacer con el tiempo. Podemos escoger ser gente prospera con empresas que hacen dinero mientras estamos por fuera haciendo lo que queremos. En este libro vamos a descubrir que construir un negocio maduro que nos da libertad para disfrutarlo no es una ciencia avanzada—no se trata de tener talento, sino de ser intencional y enfocado.

¿Listos? Es el momento de crear una empresa madura que genere tanto dinero como tiempo. Es el momento de movernos de la supervivencia hacia el éxito y el significado. Encontremos la manera de bajarnos de la caminadora de hacer dinero y construyamos un negocio que podamos disfrutar por décadas.

Cómo nos montamos en la caminadora y por qué no nos podemos bajar

2

Comienza con el fin en mente.

—STEPHEN COVEY

L a mayoría de los empresarios no piensa en mover su empresa de la simple supervivencia hacia el éxito y el significado, porque están muy ocupados en el día a día. En promedio, los dueños de empresas pequeñas trabajan 52 horas a la semana, según una encuesta hecha por Wells Fargo y Gallup en agosto del 2005. Esa debió haber sido una encuesta a los empresarios perezosos. La encuesta también reveló que la mayoría de los empresarios trabaja seis días a la semana y más de uno de cada cinco trabaja los siete días. Uno de cada siete dijo no tomar vacaciones nunca y casi uno de cada dos dijo que aún en vacaciones contestan su teléfono y correo electrónico para cosas relacionadas con el trabajo.

He aquí algo que me parece más desconcertante aún. Según información del 2005 de la oficina del Censo de los Estados Unidos, 3% de los empresarios controlan el 86% de las ganancias en el país, dejando al 97% restante que se pelee el 14% de las ganancias que quedan.

Así que tanto el tiempo como el dinero escasean. Todos los empresarios tienen la esperanza de que al tener su propio negocio van a tener más dinero y tiempo libre. Pero la realidad es casi siempre lo opuesto. ¿Por qué estamos trabajando tan duro pero aún así no alcanzamos al 3% que tiene control del mercado? ¿Será porque no somos tan inteligentes ni talentosos como ellos? No lo creo. La razón es que no nos hemos puesto a pensar cómo llevar nuestras empresas a un nivel de madurez más alto.

Antes de entrar en los detalles de cómo construir una empresa madura, debemos entender bien dos cosas:

1. Cómo llegamos a donde estamos

2. Por qué no nos podemos bajar de la caminadora

Aunque a veces parecen cosas muy obvias, al igual que en la crianza de los hijos, hay muchos "cómos" y "porqués" en el sendero a la madurez. Así que primero debemos entender cómo se desarrolla y madura una empresa.

LAS SIETE ETAPAS DE UNA EMPRESA

En mi experiencia, existen siete etapas en cualquier negocio o empresa. Como vimos en el capítulo 1, yo no mido una empresa en sí misma porque eso no indica cuanto tiempo y dinero le da al empresario. Por eso, las siguientes siete etapas describen cómo la empresa afecta al dueño, que es la única manera racional de medir el éxito de una empresa privada.

Miremos estas siete etapas y luego analizaremos cómo se aplican a nuestro negocio.

En este capítulo vamos a mirar con detenimiento las primeras cuatro etapas porque estas son las que nos enseñan cómo fue que nos montamos en la caminadora. Las etapas cinco a la siete son las que nos ayudan a bajarnos de la caminadora y esas las estudiaremos en el siguiente capítulo.

Etapa 1: Concepto y Comienzo

Esta es la etapa con la que todos soñamos. Nos imaginamos un mar de clientes entrando y saliendo de nuestro negocio, las proyecciones de ventas son color de rosa y el modelo de negocios es infalible.

Concepto

La parte del concepto no merece tener su propia etapa porque es la etapa del soñador, no hay dinero de por medio y ninguna transacción se está realizando.

En los primeros meses de la etapa 1, desarrollamos el concepto del negocio. Invertimos tiempo e ideas, creando la empresa en nuestra mente, luego en papel y tal vez luego (aunque no siempre) en un plan escrito. Aquí hacemos investigación y compartimos ideas con gente de confianza, y quizás compramos un prototipo para mostrarlo a los demás. A todos les encanta la idea y nos lanzamos al negocio.

Al comienzo de esta etapa, el enfoque es en soñar con los mejores productos y servicios y pensar cómo convertirse en la compañía que todos van a amar.

LAS SIETE ETAPAS DE UNA EMPRESA

	ETAPA DE LA EMPRESA	ESTILO DE VIDA Y FORMA DE PENSAR DEL EMPRESARIO	ENFOQUE
1	**Concepto y Comienzo** El dueño derrama su tiempo e ideas en crear y sacar la empresa adelante. VENDEDOR	**Ingreso:** De fuera de la empresa (inversionistas, préstamos, ahorros). **Estilo de vida:** Grandioso, pero mantenido por ahorros y fondos externos. **Emociones:** Euforia, el negocio abrió al público. "¡Que divertido!" **Enfoque del negocio:** Soñar, comenzar, organizar, vender.	VENTAS
2	**Supervivencia...** lo es todo. "Quemamos mucho combustible en el despegue." VENDEDOR	**Ingreso:** Perdiendo dinero o viene de fuera de la empresa. **Estilo de vida:** ¿Cuál estilo de vida? Todo el tiempo y el dinero disponible es consumido por el negocio. **Emociones:** Cansado o asustado. "No pensé que fuera a ser tan difícil." **Enfoque del negocio:** Empujando ventas urgentemente.	VENTAS
3	**Subsistencia** La empresa está cubriendo sus costos, pero depende totalmente del dueño. ARTESANO	**Ingreso:** Cubre los costos constantemente, el desangre ha terminado. **Estilo de vida:** En pausa, pero respirando más tranquilo. Sólo lo básico. **Emociones:** "¡Lo logré! Si paro yo, para la empresa, pero está bien." **Enfoque del negocio:** Producción. "Necesito mantener mis clientes o me regreso a la supervivencia." La empresa depende del dueño para todas sus funciones.	ARTE
4	**Estabilidad** Tomando las riendas Ventas expandiendo. Las operaciones son críticas. ARTESANO	**Ingreso:** Más ganancias que gastos. ¡Vacaciones y un jacuzzi! **Estilo de vida:** ¡No hay tiempo! Demasiado ocupado produciendo para disfrutar del dinero. **Emociones:** "Me siento como en una caminadora." Desespero silencioso. **Enfoque del negocio:** Expandirse, producir efectivamente. La empresa depende del dueño para todas sus funciones. ES LA ETAPA MÁS PELIGROSA: renuente a arriesgarse a crecer a 5-7	ARTE

Controlado por la empresa   OCUPADO HACIENDO DINERO

EL GRAN CAMBIO DE MENTALIDAD

DUEÑO DEL NEGOCIO	CONSTRUYENDO UNA EMPRESA QUE HACE DINERO	
⑤ Éxito (Crecimiento) Supervisando La organización se expande—otros producen y el dueño supervisa caminando por la empresa. PROCESOS DE ENSAMBLADO	**Ingreso:** Próspero—mayor ingreso. **Estilo de vida:** Todavía liderando pero con tiempo libre. Dinero + tiempo. **Emociones:** "Estoy trabajando más en la empresa y ella está trabajando más para mí. ¡Cada vez depende menos de mí!" **Enfoque del negocio:** Otros hacen las labores diarias. A veces puedo irme por 2-4 semanas y no regresar para encontrar un caos, sino que puedo programar vacaciones regularmente. ¡YA NO ATRAPADO EN LA CAMINADORA! PERO AÚN PARTE INTEGRAL DE LA EMPRESA	PROCESO
⑥ Significado Falsa Madurez - Administradores contratados La empresa está prosperando. El dueño provee visión y guía. ADMIN **A TRAVÉS** DE OTROS	**Ingreso:** Los dueños son independientemente ricos. **Estilo de vida:** Parece ideal (falsamente)—mucho tiempo para disfrutar del dinero. Haciendo lo que les gusta, tanto dentro y fuera del negocio. **Emociones: Éxito:** "Al fin tengo a otros en mi lugar. ¡Soy libre!" **Enfoque del negocio:** "Si me necesitan, voy a estar jugando golf." LA SEGUNDA ETAPA MÁS PELIGROSA – no se "retire" todavía.	LÍDER
⑦ Sucesión Madurez - Administradores a cargo de todo La empresa prospera y el dueño provee visión solamente. ADMIN **POR** OTROS	**Ingreso:** Los dueños son independientemente ricos. **Estilo de vida:** Ideal—bastante tiempo para disfrutar del dinero. Haciendo lo que les gusta, tanto dentro y fuera del negocio. **Emociones:** Significado, satisfacción de haberlo logrado. **Enfoque del negocio:** "Si me necesitan, es un problema." ¿SUCESIÓN? Simplemente pase la antorcha a su sucesor.	MENTOR

Financiamiento

En esta etapa, tanto la empresa como el dueño dependen de fuentes de ingreso externas al negocio, ya sea de un inversionista o de los ahorros del empresario. Por esa razón, el estilo de vida del empresario es probablemente el mismo que antes de comenzar la empresa, sólo que la fuente "ingreso" ya no es real sino ficticia (porque está viviendo del dinero del inversionista o de los ahorros).

Comienzo

La empresa realmente nace cuando nos comprometemos a poner tiempo y dinero para comenzarla. Antes de eso, son sólo sueños. Una vez hay un compromiso de poner tiempo y dinero, entonces comienza lo divertido.

La emoción sobresaliente en esta etapa es una sensación de euforia por haber convertido el sueño en realidad: "¡Qué emoción!" Es una gran etapa y tiene que ser disfrutada, pero no por mucho tiempo. El nacimiento no es una etapa que se debe alargar. Hay que salir de ella tan rápido como sea posible.

Moviéndose rápido

Muy pocos empresarios esperan que sus empresas les provea lo suficiente para vivir desde el primer día. Lo que pasa muy a menudo es que el empresario recibe dinero de fuentes externas y esto le da una sensación de seguridad falsa que no le deja ser intencional en construir el negocio. Suponemos que debe ser así, y si miramos a otras empresas nuevas y hacemos caso a los consejos tan terribles que nos dan, nos convencen que se necesitan entre 18 y 24 meses antes de que el negocio salga sin ganar ni perder. Así que aprovechamos esa ventana de 18-24 meses y nos derrochamos todo el dinero de los inversionistas y del banco como si no hubiera un mañana, y nos sentimos bien porque así se supone que debe ser.

Un amigo y colega que es asesor de negocios en Virginia, Eddie Drescher, me contó de uno de sus clientes quien tenía la franquicia de un gimnasio y estaba a punto de abrir su segundo gimnasio. Los dueños de la franquicia a nivel nacional le habían dicho que para dar ganancias se iba a demorar más o menos 12 meses porque eso es lo que se demoraron ellos. Cuando el cliente le dijo a Eddie acerca de los 12 meses, Eddie lo retó inmediatamente, diciendo, "¿Quién se inventó esa regla?" Después de discutirlo por largo tiempo, decidieron apuntar a dar ganancias en tres meses. Al final del primer mes, el gimnasio dió ganancias. En lugar de quemar todo el efectivo por 12-18 meses porque se supone que así es, su intención fué tener éxito mucho antes y lo logró.

Velocidad de Ejecución

Creo firmemente que el indicador número uno de éxito en la primera etapa de una empresa no es la calidad del producto, o lo inteligente del mercadeo, o su singularidad, o su financiamiento, o cualquiera de las ideas tradicionales del éxito. El indicador número uno de éxito en la primera etapa de una empresa es simplemente la velocidad de ejecución. Pensemos en aquel vendedor que conocemos que hace muchísimo dinero, o el empresario que parece que todo lo que toca se convierte en oro. Con toda seguridad son gente que, cuando tienen una idea, la implementan inmediatamente. La mayoría de la gente se la pasa mucho tiempo pensando, investigando y planeando. Nos iría mejor haciendo un plan muy básico, llevarlo a cabo y perfeccionar en el camino.

Dejemos de pensar si vamos a empezar o no, y si ya empezamos, dejemos de pensar que el negocio se va a autofinanciar mágicamente una vez se nos acabe el dinero. Seamos intencionales en sacar la empresa de la etapa 1 lo más pronto posible.

Etapa 2: Supervivencia

¿Por qué debemos movernos rápido en la primera etapa? ¡Para evitar la segunda etapa lo más que podamos! En algunos casos, no importa que tanta intención le pongamos al comienzo, la etapa de la supervivencia no se puede evitar. Pero eso no significa que no podamos intentar acortarla lo más posible.

La etapa más innovadora de una empresa

Aunque es una etapa dolorosa, hay unos beneficios muy grandes durante esta etapa. Las mejores ideas surgen en esta etapa porque la supervivencia se convierte en una gran motivación, que nos lleva a hacer lo que se necesite y ser súper creativos para poder salir de esta etapa.

Existen muchas historias de empresas que se estaban desangrando y ya en sus últimas. Si no cambiaban de dirección, morían, y como resultado encontraron una solución. No puedo recomendar la etapa 2 porque es difícil, pero es una gran oportunidad que no debemos desaprovechar enfocándonos en simplemente sobrevivir. Todos los días nos enfrentamos con oportunidades astutamente disfrazadas como obstáculos. Consideremos esta etapa como una oportunidad y no un obstáculo, y podremos usarla para lanzar nuestras empresas hacia el éxito.

Consumiendo combustible

Lo que nadie se tomó la molestia de decirnos cuando estábamos empezando el negocio en la primera etapa es esto: Consumimos muchísimo combustible en el despegue. Un avión consume más combustible durante el despegue que en cualquier otro momento del vuelo. Pasa lo mismo con las empresas. Tal vez no nos imaginamos que fuera a ser tan difícil, pero la verdad es que el éxito no es servido en bandeja de plata. Son muy pocos los empresarios que se pueden saltar esta etapa. En algún punto de cada empresa que he comenzado, he tenido que decir, "Nunca pensé que iba a ser tan duro." Estuve consumiendo combustible cómo loco.

¡Necesito ventas!

A medida que todo el dinero que viene de fuentes externas se acaba, la necesidad de generar fondos a través de ventas se convierte en el único enfoque.

Para entonces el estilo de vida del empresario ha deteriorado, o en el peor de los casos, está desconectado de la realidad y dándose lujos con los últimos centavos disponibles en su cuenta de retiro. Todo el tiempo disponible se gasta en idearse la manera de sacar la empresa de la etapa de supervivencia.

La euforia de la etapa 1 se ha ido. El tiempo pasa, las ventas no se están dando como estaban proyectadas, y los gastos están escalando. Durante los primero seis meses, las emociones internas pasan de "¡Que tan divertido!" a "Nunca pensé que fuera a ser tan difícil." Las plantillas de proyecciones que se elaboraron en la etapa del concepto no funcionan cuando se enfrentan al mundo real. Y esos clientes que se suponía iban a estar viniendo en manada tampoco se materializan. Cuando la financiación externa se acaba, se necesita dinero, y para conseguir dinero se necesitan clientes. Las ventas se convierten en el todo.

El perro entrenado: ¡Las ventas funcionan!
Para este punto en el desarrollo del negocio, la empresa nos está enseñando un mal hábito: hacer dinero. Cuando nos enfocamos en las ventas, conseguimos clientes y el dinero empieza a entrar. Está funcionando, o al menos eso pensamos. El mensaje subliminal del tirano en nuestra empresa es "Enfócate en hacer dinero. Es lo que hay que hacer." La empresa es como el pequeño hombre detrás de la cortina en el Mago de Oz, haciendo ruido y gritando, entrenándonos para que nos dediquemos a las actividades equivocadas. Nos guía a caminos torcidos, a desarrollar un hábito que va a matar nuestro negocio—hacer dinero. Por supuesto, no lo vemos de esta manera porque pagar las cuentas de este mes es crítico.

Desafortunadamente, las dos etapas siguientes continuan reforzando esta idea errónea del éxito. Las etapas 1 y 2 se enfocan en ventas; las etapas 3 y 4 se enfocan en producción, o en el "arte." El problema es que el cambio en enfoque sólo refuerza la mentira.

Etapa 3: Subsistencia

"¡Por fin! ¡No tuve pérdidas el mes pasado!" La primera vez que esto pasa sentimos una mezcla de incredulidad y cansancio y una emoción efervescente. La empresa parece ser viable. Luego comienza la celebración. ¡Que destapen la champaña, vamos a la playa pues ya tenemos un verdadero negocio! La euforia de la etapa 1, que se había perdido en la etapa 2, ha regresado.

Un momento, por favor.

La etapa 3 no se alcanza por haber terminado un mes sin pérdidas. No nos adelantemos. Yo no diría que mi empresa ha llegado a la etapa 3 hasta que me haya mantenido en el punto de no dar pérdidas por lo menos tres o cuatro meses seguidos, quizás más en algunas industrias.

En la subsistencia, el empresario puede pagar todas sus cuentas, incluyendo las personales. ¡Que felicidad! Por primera vez en meses la contabilidad no está en números rojos al final del mes, ni en el negocio ni en la casa.

Mejor que la etapa 2, pero...

La euforia no dura mucho tiempo. La subsistencia se ve bien cuando apenas se sale de la supervivencia. Pasamos de vivir en una tienda en el desierto a una choza primitiva con huecos en las paredes, un jardín de subsistencia, cañería externa, y una quebrada sucia por ahí cerca. No es un palacio, pero en comparación a donde veníamos, se ve grandioso (por un tiempo).

El estilo de vida no ha mejorado desde la etapa 2. Y no puede, en relalidad, porque la etapa 3 no tiene espacio extra. No hay un fondo de emergencias. El empresario puede pagar todas sus cuentas, siempre y cuando el automóvil no se dañe, ni el cliente grande deje de pagar a tiempo. Unas vacaciones ni siquiera se pueden considerar. La empresa es muy frágil. Un solo estornudo puede espantar un cliente.

Así que en la etapa 3 el estilo de vida del empresario todavía está en pausa, pero al menos respira tranquilo. Por ahora lo básico está cubierto y se siente bien tener todos los pagos al día.

El enfoque pasa de las ventas al arte

El enfoque de la empresa pasa a la producción, para entregar los productos y servicios que se vendieron con tanto esfuerzo en la etapa 2. Ahora el empresario se atrinchera como el experto artesano haciendo su producto. Y el tirano del negocio le sigue enseñando malos hábitos.

La emoción activa en esta etapa es, "¡Lo logré! Si me detengo, la empresa se detiene, pero no tengo intenciones de parar." Por supuesto que no. Pero la subsistencia no se ve tan bien después de un tiempo. El jardín que antes era bonito, ahora se ve feo, hay que filtrar el agua de la quebrada, y el viento frío se entra por los huecos de la pared en la mitad de la noche.

El hueco más grande y miedoso es la inhabilidad para relajarse. El enfoque en la producción es absolutamente crítico porque cualquier error puede resultar en la pérdida de un cliente que no se puede perder porque la empresa está en el borde entre ganar y perder. La etapa 2, la de la supervivencia, está justo detrás de nosotros, esperando la caída.

Asi que el empresario se compromete a crear el mejor producto o servicio posible y dedicar todo su tiempo a ello. Ahora es un profesional, un artesano. La vida personal es relegada completamente, pues todo el enfoque está en la empresa.

La etapa 3 es difícil por la incertidumbre y porque no hay descanso. Los días parecen más largos que semanas y las semanas más largas que meses. Luego algo sucede y ocurre lo que más se anhelaba.

Etapa 4: Estabilidad (tomando las riendas)

Ese cliente grande que nos había ignorado en la etapa 2 por fin decide darnos una oportunidad. O la construcción que había en frente del almacén se completa y por fin la gente puede entrar y comprar. Por primera vez se tiene dinero de sobra al final del mes—ganancias reales. Hasta este punto, la palabra "ganancia" significaba "cualquier dinero que me lleve a casa para pagar deudas." Ahora es cuando el empresario entiende por qué el contador le explicaba que ingreso no es lo mismo que ganancia. La ganancia se da después de pagar todas las cuentas, incluyendo el salario del dueño. ¡Y en esta etapa se obtienen ganancias!

Hay una nueva pregunta en la empresa. ¿Qué vamos a hacer con los $900 dólares extras? ¿Quizás llevarlo a casa como salario y usarlo para la cuota inicial de un jacuzzi, o para comprar nueva maquinaria para la empresa? ¿O sería mejor guardar ese dinero y esperar hasta el mes siguiente a ver qué pasa?

Una empresa en la etapa 4 tiene, por lo general, más ingresos que gastos y salarios. Si no da ganancias mes tras mes, es porque sigue en la etapa 3. Pero cuando da ganancias consistentemente, el estilo de vida del empresario mejora dramáticamente. Ya puede tener su jacuzzi, vacaciones, y entretenimiento para los niños.

Una empresa en la etapa 4 puede generar incluso millones de dólares en ingresos para el empresario, pero toda esa ganancia nunca va a llevar a la empresa ni al empresario a la etapa 5. La razón es que el tirano en el negocio le sigue entrenando para que se enfoque en hacer dinero. El empresario sigue con la intención de crecer y asegurarse que la producción continúe al nivel que estaba cuando sólo tenía dos clientes y podía dedicarles toda su atanción.

Es una locura. Y se vuelve aún más loco porque el empresario se ha enfocado durante todas las etapas del negocio en hacer dinero en lugar de construir un negocio que haga dinero, que es lo que debería estar haciendo.

Las nuevas ganancias distraen al empresario y no le dejan

ver el error de quedarse en la etapa 4. Ya no vive en la choza rústica sino en una casa hermosa con comodidades y un mercado en la esquina. Hay hasta servicio a domicilio. El estilo de vida de la familia es grandioso, hay dinero, vecinos amistosos, y una empresa vibrante que mantiene todo a flote. Se puede comprar una televisión gigante e irse de vacaciones una vez al año. Pero hay algo mal y es que el empresario no puede disfrutarlo.

¿Y qué hay de mí?

Pasa el tiempo y el empresario se da cuenta que lo que se imaginaba iba a pasar cuando empezó el negocio, tener un mejor estilo de vida, sólo lo disfrutan su esposa e hijos. La presión constante de la empresa, capturando toda su atención, no le deja disfrutar de todas las cosas que ha comprado con sus ganancias. La empresa depende tanto del dueño para funcionar, que si se va por un tiempo, hay un montón de problemas cuando regresa. Los fines de semana y las vacaciones simplemente son momentos para reponerse y tener energías para la semana siguiente. Pero usar el tiempo libre sólo para recuperarse no es lo ideal.

¿Compré una empresa o un empleo?

¿En qué se metió el empresario cuando compró o fundó la empresa? De repente llega la revelación: Se hubiera podido comprar el jacuzzi y tomar un par de semanas de vacaciones simplemente trabajando para una corporación grande, y sin todas las noches en vela pensando si la empresa va a sobrevivir.

Entonces se da cuenta que se compró un empleo. Es un empleado de sí mismo y el tirano que es la empresa le ha entrenado bien para cumplir la orden de ir y hacer dinero. ¿Por qué no nos damos cuenta que estamos atrapados? ¿Por qué nos tardamos tanto en llegar a la etapa 4 sólo para darnos cuenta que nuestra familia está disfrutando del fruto de nuestro trabajo pero sin nosotros? ¡La verdad es que no lo deben estar disfrutando tanto porque nunca estamos con ellos!

Hay dos razones principales por las que la mayoría de empresarios nunca pasa de la etapa 4:

1. La empresa les enseñó que hacer dinero es el enfoque principal. En las dos primeras etapas, la tiranía de lo urgente los tenía enfocados en las ventas, y en las dos siguientes en la producción, en ser el artesano, todo porque se necesitaba hacer dinero para pagar las cuentas y tener ganancias.

2. El empresario mira a su alrededor y ve que otros empresarios "exitosos" hacen lo mismo. Trabajan duro y pasan más tiempo en la empresa que los demás. La creencia es que para tener un negocio exitoso se debe pasar mucho tiempo en la empresa. El empresario que tiene mucho tiempo libre y está feliz parece ser escaso, si es que existe. Así que si hay empresarios felices deben ser la excepción y lo normal es trabajar sin descanso.

Un desespero silencioso se posa sobre el empresario—"Me siento como en una caminadora, y no sé cómo bajarme." La empresa no le ha enseñado cómo bajarse, y otros empresarios a su alrededor tampoco saben. Inconscientemente, el empresario se ha convertido en rehén de su empresa, sin poder ver el fin. Y ahora cree que eso es todo lo que puede ser.

Un rehén de la empresa: el efecto de lo desconocido
¿Por qué la analogía de ser un rehén?

Un prisionero puede no tener mucho control de su presente, pero sí puede controlar parte de su futuro. Los prisioneros saben cuales son las reglas cuando están en la cárcel, y que con buen comportamiento pueden acortar su sentencia. Y lo más importante, saben exactamente el día en que van a ser libres. Hay una fecha en el futuro a la que pueden mirar con la expectativa de que todo va a ser diferente.

Las investigaciones demuestran que ser un rehén por un poco tiempo es más traumático para una persona que ser un prisionero por mucho tiempo. ¿Por qué? Por lo desconocido.

Las reglas no son claras o siempre cambian y la expectativa es una cautividad sin fin, nunca sabiendo cuando va a terminar o peor aún, cómo va a terminar todo. Desafortunadamente, la mayoría de los empresarios son rehenes de sus empresas, pero eso no lo hace normal, simplemente mediocre. Cuando nos enfocamos en hacer dinero, no tenemos idea para dónde vamos, y por consiguiente, no podemos saber cuales son las reglas para llegar allá.

Estabilidad: La etapa más peligrosa
Incluso con el problema de la caminadora, la etapa 4 es la más peligrosa. Es la primera etapa cuando se tienen riquezas, desde lo básico hasta lo lujoso. El empresario ha sudado gotas amargas hasta ahora y prefiere no tomar los riesgos que implican tratar de subir a la siguiente etapa, así que decide que es mejor quedarse donde está por el resto de su vida. Una empresa en la etapa 4 puede generar muchísimo dinero, pero no le va a dar tiempo al empresario para disfrutarlo.

Lo peor es que muchos empresarios ni siquiera se dan cuenta que hay otras etapas. Creen que la etapa 4 es el pináculo del éxito porque tienen ganancias. Lo único que les queda es ver si pueden hacer más dinero que los demás rehenes. Por eso es la etapa más peligrosa, porque casi todas las empresas se detienen ahí.

¿Qué les hace pensar que ya lo lograron? Lo que pasa es que la tiranía de lo urgente ha ahogado la prioridad de lo importante y ha convertido al empresario en su víctima.

Pero hay esperanza.

Cómo nos bajamos de la caminadora

Hay uno que otro empresario que vive feliz y sin estrés y que a menudo se puede ir de vacaciones sin problemas. Estos empresarios son la excepción, pero normales, a diferencia de la mayoría de empresarios que se quedan estancados en la etapa 4 y quienes son simplemente mediocres.

No es normal quedarse en la etapa 4, pues la estabilidad es algo mediocre. Casi todos lo hacen pero por una razón muy simple: Nunca tuvieron la intención de hacer algo diferente. Su intención era hacer dinero y eso es exactamente lo que están haciendo. Recordemos que hacer la pregunta correcta es ya el 90% de la respuesta. La pregunta que nos tenemos que hacer es, "¿Cómo construyo una empresa madura y cuándo quiero llegar allá?" Hasta ahora, probablemente nos hemos enfocado en la pregunta equivocada: "¿Cómo hago dinero?"

Es posible escapar la tiranía de nuestras empresas y convertirnos en empresarios normales si cambiamos la pregunta en nuestras mentes. Y de eso se trata el siguiente capítulo.

Cómo bajarse de la caminadora de los negocios

3

Mírate al espejo y pregúntate, "¿Qué estaría haciendo ahora mismo si no tuviera miedo?"

L a mayoría de las empresas sólo experimenta las etapas de la 1 a la 4. No porque sea extremadamente difícil llegar a la etapa 5 o más allá (es mucho más difícil ir de la etapa 2 a la 3), sino porque simplemente no tenemos la intención de construir una empresa madura que nos lleve a la etapa 5 y más allá. Irónicamente, siempre conseguimos lo que es nuestra intención. ¿Cuál debe ser nuestra intención para llegar a la etapa 5 y más?

DECIDE HOY

Dawn Margowski, un empresario y gran amigo mío en Denver, me enseñó este dicho de la China:

"El mejor momento para plantar un árbol es hace 20 años. El segundo mejor momento es hoy."

Digamos que el empresario se metió de lleno a hacer dinero como el resto de la gente y nunca pensó en construir una empresa que hiciera dinero mientras estaba en vacaciones. Ha estado estancado en la etapa 4 por meses (¡o años!) y pensó que era normal. Nadie lo ha retado a pensar que es normal hacer algo diferente. Está bien. Todavía hay tiempo para corregirlo—de hecho, aprender a hacerlo bien no se lleva tanto tiempo en comparación a lo que se tarda uno brincando entre las etapas 2, 3 y 4. Plantemos nuestro árbol hoy.

MADUREZ EMPRESARIAL BÁSICA

Los dos elementos básicos de una empresa madura son: el dueño no necesita ser el productor (incluso si desea serlo) y la empresa hace dinero mientras el dueño está en vacaciones. Eso es todo.

Una empresa madura va desde un negocio con sólo estas dos características hasta sucesión o venta de la empresa. El dueño es el que decide lo que madurez significa para él. Mi recomendación es usar los dos beneficios ya mencionados como la base para la madurez empresarial. Cualquier cosa menos es seguir en la caminadora.

Es importante recordar que la madurez empresarial no es acerca de la empresa, sino acerca del estilo de vida del empresario. La única forma de saber que una empresa es madura es si el empresario está viviendo la vida que quiere como resultado de ser el dueño. Ni el tamaño de la empresa ni cuántos ingresos tiene, importan. Lo que cuenta es el estilo de vida que el dueño experimenta.

HACER DINERO NO ES
UNA VISIÓN QUE VIGORIZA

Para construir una empresa que nos de el estilo de vida que

queremos, necesitamos una visión que nos motive. ¿Y saben qué? Hacer dinero no es una visión motivante. Conozco mucha gente que lo ha intentado, incluyéndome. Eddie Drescher tiene un cliente que le dijo, "Después de $150.000 dólares no me hizo más feliz ganar $500.000." Otros pueden decir números más altos o más bajos, pero ese es el punto—el dinero en sí no hace la vida más significativa. Pero lo que hacemos con el dinero sí. Yo ganaba cientos de miles de dólares durante años, mucho antes de empezar el Grupo Crankset. Hace unos años cuando tenía uno de esos trabajos, Diane, mi esposa, me dijo, "No sé cómo sigues con esto. Yo no aguanto más este trabajo y ni siquiera soy la que lo está haciendo." Su reacción era una respuesta a la apatía y a la falta de poder y significado que hay en simplemente hacer dinero.

Ella me ayudó a darme cuenta que yo no había hecho una conexión entre el dinero que estaba ganando y lo que podía hacer con ese dinero para construir una vida de éxito y significado para mi y los demás. Era como si hacer dinero fuera un objetivo en sí mismo y no tuviera la menor influencia en lo que pasaba en mi vida excepto cuando compraba "juguetes."

Pero dentro de mí, yo sabía que había una conexión profunda entre mi trabajo, el fruto de esa labor, y cómo podía usar ese trabajo para crear una vida de éxito y significado. Ese fue el punto de inflexión que resultó en la creación del Grupo Crankset. Sigo teniendo una gran vida pero con mejores motivaciones que simplemente hacer dinero. Cada mañana me levanto con propósito y sin preocupaciones.

Un empresario exitoso se va a dar cuenta de esto eventualmente. Hacer dinero no es una visión que vigoriza, ni tampoco lo es un estilo de vida donde el empresario está atrapado como un empleado de sí mismo. En cualquier caso, si queremos ser exitosos necesitamos encontrar la manera de construir una empresa que haga dinero tanto mientras estamos de vacaciones, como cuando estamos trabajando. Los empresarios exitosos hacen ambas cosas—el rastreo dual—y así alcanzan la etapa 5 y más.

Etapa 5: ¡Éxito!

Como hemos visto, en las primeras cuatro etapas, el empresario simplemente se consiguió un trabajo. La etapa 5 es el comienzo de una forma totalmente diferente de hacer negocios donde el empresario deja de ser rehén de su empresa y esta le empieza a servir a él.

Por primera vez, se ve un destello de lo que significa ser dueño de una empresa que no es dueña del empresario, de irse de vacaciones sin regresar a un caos, y de la empresa haciendo dinero cuando el empresario no está presente. El empresario ya no es el productor sino que tiene a otros produciendo y, por primera vez, maneja la empresa como supervisor, no haciendo las sillas—el producto—él mismo.

Ya el empresario se bajó de la caminadora, pero sigue siendo vital para el funcionamiento y la producción por lo que no puede relajarse. La etapa 5 no es el ideal, pero está muy cerca. Y es como haber salido de la órbita terrestre en comparación con la etapa 4—se quema mucho menos combustible en el espacio. Miremos esta etapa con más detalle.

El gran cambio de mentalidad

Este es un concepto demasiado importante y donde se centra

todo el problema: para pasar de la etapa 4 a la etapa 5, el enfoque debe pasar de hacer dinero a construir una empresa que haga dinero. Este cambio de mentalidad le ayuda a dejar de enfocarse en la tiranía de lo urgente (hacer dinero) y le enfoca más en la prioridad de lo importante (construir la empresa) mientras hace dinero, mientras hace el rastreo dual.

El cambio fundamental es que el empresario debe darse cuenta que una empresa sostenible casi nunca se construye con base en lo que el dueño produce. El talento del dueño o su visión influyen, pero si el dueño es el que hace las sillas y no ha estado haciendo rastreo dual, la empresa no va a salir de la etapa 4. El dueño tiene que resistir la tentación de pasar todo su tiempo haciendo dinero para pagar las cuentas del mes y encontrar la manera de que la empresa lo haga por él.

La gran mayoría de empresarios nunca se da cuenta de esto. Es como si su mente tuviera sólo una función y es la de pagar las cuentas del mes. El "perder tiempo" trabajando en el futuro, lo que no trae dinero este mes, simplemente se ignora. Y esa es la razón principal por la que la mayoría de empresas nunca crece—el empresario nunca tuvo la intención de construir una empresa madura. Su intención era sólo hacer dinero.

De la producción al proceso

En las etapas 1 y 2, las ventas eran la actividad principal del empresario. En las etapas 3 y 4, su tiempo era dominado por su arte, por la producción. Para moverse de la etapa 4 (estabilidad) a la etapa 5 (éxito), el pensamiento del empresario pasa de la producción al proceso, de ser el artesano a enseñarle a otros cómo producir como él lo hacía.

En la etapa 5, el empresario saca el proceso de ensamblaje de su cabeza, lo escribe y luego le enseña a otros cómo producir. Los empleados saben qué hacer, cuando hacerlo, y todos los días van a trabajar con la claridad en sus mentes de cómo encajan en la estructura de la empresa. Esto no es algo fácil de hacer, y aunque la mayoría de empresas se toma años en hacerlo, debería tomarles unos cuantos meses no más.

A esto le llamamos mapeo de procesos (o aún mejor, mapeo a la libertad). He hecho esto con cientos de empresas y, cuando ven lo sencillo que es y el gran impacto que tiene en su negocio, se preguntan por qué no lo enseñan en las escuelas de negocios.

El mapeo de procesos no se trata de escribir decripciones laborales y manuales de entrenamiento complejos. Es un documento para ayudar a todos a saber: 1) lo que deben hacer y, sobre todo, 2) cómo encajan en el proceso de entregarle el producto o servicio al cliente.

El mapeo de procesos le ayuda a cada empleado a entender claramente que ellos no tienen un trabajo, sino que son parte de un proceso que es mucho más grande que su función individual. El mapeo de procesos le ayuda a cada empleado a entender que todos tienen clientes, ya sean internos o externos.

Como resultado, van a dejar de preguntar, "¿Hice bien mi trabajo?" (una pregunta muy destructiva) para preguntar, "¿Hice feliz a mi cliente—van a querer trabajar conmigo otra vez?" Vamos a hablar más del tremendo impacto del mapeo de procesos en el capítulo 8.

Yo ya estoy ahí, ¿cierto?
Algunos empresarios van a mirar esto y decir, "Yo ya tengo una

empresa en la etapa 5 del éxito porque tengo otras personas en el rol de productores." Esa no es la prueba. He visto muchísimas empresas en etapa 4 que tienen personas produciendo. Debemos recordar que el éxito de una empresa se mide de acuerdo al estilo de vida del dueño, no en sí misma.

La prueba está en lo que pasa cuando el dueño se va de vacaciones, o más importante, cuando regresa. ¿Se puede ir por algunas semanas sin que haya un caos? Si no es así, entonces la empresa está en la etapa 4 pero disfrazada como etapa 5. Es estable en el sentido que hace dinero, pero no es exitosa en crear prosperidad (libertad) para el dueño. No estamos midiendo la madurez basados en la situación de la empresa sino en el estilo de vida del dueño.

En una empresa en etapa 5, el empresario tiene el ingreso que se imaginaba cuando empezó el negocio. Puede ser que su estilo de vida siga muy ocupado con su trabajo, dependiendo del estilo de vida ideal que haya escogido, pero tiene tiempo personal significativo. Y aunque a menudo llega a casa cansado, hay momentos cuando el fin de semana no es la esquina del boxeador, donde necesita curaciones y recuperación, antes de lanzarse de nuevo a la pelea. Muchos fines de semana se han convertido en un tiempo para disfrutar los frutos de su labor con la familia y los amigos. Y si quiere jugar golf el martes en la tarde, el empresario ya no tiene que mirarse al espejo y pedirse permiso porque la empresa no se va a caer si se va por una tarde.

Muchos empresarios están felices de alcanzar la etapa 5 y yo no los culparía por quedarse ahí el resto de su carrera. No es un trabajo malo, pero hay algunos problemas con las empresas en esta etapa. Aunque el ingreso puede ser alto, y el estilo de vida mejor que el promedio, la mayoría de empresas en la etapa 5 todavía depende demasiado del dueño. El empresario está muy involucrado en el día a día y es la persona que todos consultan para los asuntos grandes y pequeños. Puede ser que el empresario se haya bajado de la caminadora, pero se ha convertido en un supervisor glorificado. Nadie parece usar su cerebro, o lo dejaron en la casa. Todos andan en piloto automático y muchas de las cosas que se dañan requieren la atención directa e inmediata del dueño para arreglarlas.

Ahora sí es el dueño

Pero incluso con estos problemas, la etapa 5 hace del empresario un verdadero dueño de su empresa y ya no es la empresa la dueña del empresario. También le ofrece el comienzo de la prosperidad—*la libertad y habilidad de escoger qué hacer con su tiempo*. Pero hay mucha más libertad en la siguiente etapa. En la etapa 6 las cosas se ponen interesantes.

Etapa 6: Significado (y Madurez Falsa)

En la etapa 6, la empresa es exitosa y el dueño puede invertir su tiempo en las cosas que hacen a una empresa verdaderamente grandiosa, teniendo un impacto positivo en la comunidad y el mundo alrededor. Hay donaciones para organizaciones de beneficiencia, los empleados se involucran en la comunidad, y el empresario piensa tanto en su legado personal como en el legado de la compañía: "¿Qué voy a dejar cuando no esté? ¿Qué va a pensar la gente de mi cuando vean la empresa?"

Esta es la parte divertida, la razón por la que construimos la empresa. Hemos recuperado la pasión que nos atrajo a los negocios. A casi todos los empresarios les gustaría tener el tiempo y el dinero (prosperidad) para pensar cómo tener un impacto en el mundo más allá de vender aparatos. La etapa 6, Significado, es el momento para hacerlo.

La emoción principal en esta etapa es, "Ya tengo a otros administrando todo. ¡Soy libre!" Recordemos la definición de prosperidad: *la libertad y habilidad de escoger qué hacer con mi tiempo.* Ahora sí estamos experimentando la prosperidad en abundancia. El incremento en el dinero se traduce en más tiempo libre. Esta es la recompensa de tener la intención de mover la empresa de la etapa 1 a la 6 y se merece un brindis.

Es por eso que tengo todo listo para brindar con champaña el viernes 18 de febrero del 2011, a las 8:30am—exactamente 3 años, 11 meses, dos semanas, y 22½ horas desde que comencé esta empresa. Para ese día planeo tener una empresa que sea una mezcla entre las etapas 6 y 7. Voy a escoger estar involucrado en algo de desarrollo de contenido y presentaciones, así que no será una etapa 7 (Sucesión) pura. No quiero estar fuera de mi empresa después de eso, simplemente quiero hacer las cosas que amo. Y cuando llegue allá, un brindis por haber llevado la empresa de la etapa del comienzo a la etapa de la sucesión en menos de 4 años es algo merecido.

La gran diferencia táctica entre la etapa 5 (éxito) y la etapa 6 (significado) es que el empresario ya no está supervisando la producción, sino que tiene una forma de administración establecida (incluso si él sigue produciendo) que pueden cuidar la tienda y funcionar hasta cierto nivel cuando el dueño no está presente. Y en el caso en que el empresario no tenga o no quiera empleados, puede encontrar otras formas para que la empresa haga dinero cuando él no está presente (vamos a hablar de tres de ellas luego). Contratar empleados no es la única forma de construir una empresa madura.

La segunda etapa más peligrosa

Administradores contratados es la frase operativa en la etapa 6, y es muy importante que entendamos esto. Administradores contratados, no administradores a cargo. La etapa 6 es muy peligrosa porque al tener administradores contratados, podemos pensar que podemos irnos a jugar golf y olvidarnos de la empresa. La historia de Jerry Hodgkin es un buen llamado de atención.

Jerry invirtió muchos años en construir una empresa muy exitosa de correo publicitario directo. Él la llevo por todas las etapas sin usar financiación externa, sudó los años duros del comienzo y con muchísimo esfuerzo llegó a la etapa 6. Jerry finalmente tenía administradores contratados y estaba disfrutando de su tiempo libre. Le encantaban los autos de carreras clásicos y decidió que iba a darse una merecida recompensa poniendo toda su atención en las carreras. Seguía al tanto de la empresa consistentemente, pero la mayor parte de su tiempo era para los automóviles. No había pasado más de un año después de entrar a la etapa 6 cuando tuvo que cerrar su empresa.

Jerry se adelantó y aprendió a las duras que *administradores contratados* no es lo mismo que *administradores a cargo.*

Después de algunos años de luchar con la empresa, suena muy tentador poner a alguien al frente de la compañía e irse a pescar. No es una buena idea. Todo el trabajo que se puso en la empresa se puede desmoronar en cualquier momento.

En esta etapa, el dueño le da dos cosas a la empresa: visión y dirección. A veces queremos saltarnos la parte de la dirección e irnos a jugar, pues esperamos que como el nuevo administrador gana buen dinero, va a hacer su trabajo competentemente. Pero el administrador no es el dueño hasta que el empresario lo convierta en una replica de sí mismo. Un mercenario es muy diferente a un siervo-líder leal que es apasionado por los clientes y los empleados. El empresario tiene que estar allí, enseñándole con su ejemplo y empeño cómo se hace.

Uno de los problemas de irse al campo de golf antes de tiempo es que el administrador (quien realmente no está *a cargo* todavía) siempre nos va a dar un reporte positivo. Jerry hablaba con el administrador constantemente para saber si las cosas iban bien y siempre recibía proyecciones grandiosas y reportes diciendo que todo iba muy bien con las operaciones de la empesa. ¿Pero qué más iba a decir el administrador? ¿"Estoy asustado, no sé lo que estoy haciendo, algunos de los clientes grandes están enojados, y no tengo idea cómo solucionar nada"? No, el administrador sabe que fue contratado para ser competente y va a pretender serlo hasta que no pueda más.

Así que nuestro trabajo es entrenar a los administradores, inculcar en ellos el orgullo de estar a cargo, y guiarlos en el día a día hasta que la cultura de la compañía sea parte de ellos. Van a tener mucho que aprender—al dueño le tomó varios años aprenderlo, así que no se puede esperar que ellos lo sepan todo en un abrir y cerrar de ojos.

Si nos vamos a jugar antes de tiempo, podemos perderlo todo. Le podríamos echar la culpa al administrador pero es nuestra culpa si la empresa se cae por querernos salir muy rápido. Debemos quedarnos por más tiempo, asegurándonos que lo hemos pasado todo al administrador y así tendremos algo muy especial—una empresa que otros van a querer comprar pero que no vamos a querer vender.

Etapa 7: Sucesión
(Administradores a cargo)

¡Por fin lo hemos logrado! Hemos invertido el tiempo para movernos de sólo tener administradores contratados (etapa 6) a administradores a cargo, de proveer visión y dirección a proveer sólo vision. El administrador tiene las riendas y puede manejar la empresa siempre y cuando comuniquemos claramente la visión.

La emoción en la etapa 7 (Sucesión) es una sensación de satisfacción y significado por haber construido el sueño que teníamos. El magnate Warren Buffet, por ejemplo, compra empresas en etapa 7 y le dice a los directivos que no quiere escuchar de ellos a menudo, y que si lo necesitan, hay un problema—hasta ahí llega la responsabilidad directa de un dueño en la etapa 7.

En esta etapa, el empresario tiene varias opciones: Puede permanecer como director ejecutivo o presidente emérito, disfrutando los frutos de tantos años de labor, dando visión para el futuro, y escogiendo cómo y cuando involucrarse (en otras palabras, prosperidad). O puede decidir vender la empresa, pasarla a sus hijos, o usarla para adquirir otras empresas.

Es posible que alguien con una empresa en las etapas 2 a la 4 lea esto y diga, "Eso sería maravilloso," pero sin la convicción de que puede ser para él o ella. Lo voy a decir otra vez: *No existe ninguna razón por la que usted no puede llegar allá,* excepto por una—no es su intención hacerlo.

Este juego no lo gana una persona con talento, sino una

persona con intención. Hacer la pregunta correcta nos dará la respuesta.

La pregunta correcta es, "¿Cómo construyo una empresa madura y cuándo quiero tenerla?" No se trata de crear empresas con docenas de empleados y millones de dólares en ingresos. Se trata de crear el estilo de vida que queremos para nosotros y nuestra familia. Y podemos hacer eso con una empresa de cualquier tamaño, incluso sin empleados (luego hablaremos de eso).

Una empresa con la que se puede quedar o vender

Construir una empresa madura no es acerca de venderla eventualmente (aunque también puede hacerse). Es acerca de crear una empresa que le sirva al empresario para llevar el estilo de vida que desea, de construir una plataforma para crear significado en donde el empresario sirve a la comunidad y tiene la libertad de viajar, jugar golf, ser voluntario en una causa benéfica o cualquier cosa que necesite tiempo y dinero. Es acerca de crear libertad y variedad.

En el caso que vender la empresa madura provea más libertad que quedarse con ella, entonces tiene sentido venderla. He trabajado con muchos empresarios que comenzaron diciendo, "Volvamos esta empresa rentable para poder venderla y largarme de aquí." Pero cuando llegan a la útima etapa, les recuerdo lo que dijeron y muchas veces su respuesta es, "¿Estás loco? ¡Me estoy divirtiendo muchísimo!" Yo entiendo que existe el deseo de vender y salirse cuando las cosas son difíciles entre las etapas 2 y 4, pero es posible que todas esas emociones cambien una vez se llegue a la etapa 5 o más.

Los riesgos y por qué vale la pena tomarlos

El moverse de una etapa a la siguiente casi siempre requiere arriesgar dinero o tiempo, y muchas veces ambos. El ascenso de la etapa 1 (Comienzo) a la etapa 3 (Subsistencia) es como el de un peñasco largo y sin descanso. Es como estar en la etapa 2 (Supervivencia) todo el tiempo, donde hay que seguir escalando o descender en rappel y darse por vencido.

Habiendo experimentado el arduo ascenso hasta la etapa 3 (Subsistencia), nos quedariamos allí si pudiéramos—hemos tomado suficientes riesgos. Pero no es muy emocionante tener una empresa para sólo cubrir los costos, así que tenemos que decidir: acabar con al empresa e ir a buscar empleo o seguir hasta llegar a la estabilidad.

Una vez llegamos a la etapa 4 (Estabilidad), ya tenemos algo que perder. Estamos haciendo dinero, en algunos casos mucho dinero, y tomar los riesgos que se requieren para llegar a la etapa 5 son intimidantes. Aunque la voz del desespero silencioso susurra, "¿Es esto todo lo que hay?" comparamos lo que tenemos con la probabilidad de perderlo y llegamos a esta conclusión: "El dolor que conozco es mejor que el dolor que todavía no he experimentado."

Así que nos quedamos en la etapa 4 por 30 años hasta que, al final, vendemos la empresa por el valor del capital y la lista de clientes.

Pero debemos tener en cuenta que en cada nueva etapa los riesgos son por lo general menores y de más corta duración, y si seguimos hacia adelante, vamos a tener un estado mental más fuerte para lidiar con ellos.

PORQUÉ LA ETAPA 4 ES MÁS RIESGOSA QUE LAS ETAPAS 5 A LA 7

La etapa 4 es un espejismo. Parece ser una empresa, pero como hemos visto, no es más que un empleo con buen salario. El enfoque del dueño en hacer dinero la mantiene en un ciclo entre las etapas 4, 3 y 2. Algunos meses y años son grandiosos, pero las condiciones externas crean condiciones que hacen que la empresa se regrese a la etapa 3 o incluso la etapa 2. Luego el dueño tiene que volver a escalar el peñasco para llegar a ser rentable antes que el ciclo se repita otra vez.

Cuando le mostré las 7 etapas a un empresario durante un taller en Richmond, Virginia, él inmediatamente reconoció el ciclo y se dió cuenta de que los riesgos eran mayores si se quedaba en la etapa 4 (Estabilidad) que lo que iban a ser si se movía con toda intención a la etapa 5 (Éxito).

Hagamos los cálculos: Digamos que una empresa está en la etapa 4 y hace $200.000 dólares al año y el empresario se lleva $120.000 a casa porque es el productor principal. Pero la economía tiene un bajón y se pierde la mitad del ingreso. Ahora la empresa hace $100.000 y el empresario se lleva $60,000—un golpe drástico a su ingreso.

Ahora digamos que la empresa está en la etapa 5—otros están produciendo además del dueño y por esa razón la empresa hace el doble, $400.000 dólares al año. Pero el empresario todavía se lleva $120.000 porque le tiene que pagar a los productores. La economía se cae, el empresario se ve forzado a despedir a algunos de los empresarios, y él tiene que hacer parte del trabajo él mismo. La empresa se regresa a los $200.000 pero el empresario se lleva $110.000. Es un golpe a su estilo de vida, pero no lo va a arruinar.

Cuando el empresario se sale del rol de productor y pone a otros a producir, el golpe personal es menor si los ingresos disminuyen. En las compañías grandes con docenas de empleados, el ingreso del dueño no se ve afectado por los problemas de la economía. No hay ninguna seguridad en quedarse estancado en la etapa 4—hay más seguridad cuando hay distancia entre el dueño y la producción. Es más riesgoso para el empresario ser el único productor.

CÓMO MANEJAR LOS RIESGOS

Lidiar con los riesgos es muy sencillo—sólo hay que tener una idea muy clara del lugar para dónde vamos, cómo es, cuando esperamos llegar allá, y asegurarnos que ese lugar sea tan bueno que nos motive a seguir luchando hasta llegar al final.

¿Sabemos cómo será nuestra empresa cuando sea madura? ¿Sabemos cuándo queremos llegar a esa etapa? La mayoría no hemos pensado en esto, pero cuando lo hacemos, vamos a estar súper motivados. Y cada etapa nos va a parecer más corta y menos riesgosa porque tenemos una visión del futuro que nos motiva. La tiranía de lo urgente va a perder su voz chillona a medida que nos enfocamos en la prioridad de lo importante.

SOLUCIONANDO EL PROBLEMA DE LA PELOTA DE PING PONG: LOS FUNDAMENTOS DE CONSTRUIR UNA EMPRESA MADURA

Imaginemos que tenemos que mantener 11 pelotas de ping pong bajo el agua usando sólo nuestros 10 dedos. Nunca lo vamos a lograr porque cada vez que sumergimos la última, otra sale a la superficie.

Aquí está el problema (y es sencillo): Estamos tan ocupados tratando de controlar las 11 pelotas con nuestros 10 dedos (la tiranía de lo urgente) que no tenemos tiempo de pensar cómo controlar cientos de pelotas (la prioridad de lo importante). Nunca se nos ocurre que es posible controlar cientos de pelotas porque estamos enfocados en las 11 con las que tenemos que lidiar hoy.

Aquí está la solución (también es sencilla): Debemos estar dispuestos a dejar que algunas pelotas urgentes se nos escapen para construir una empresa que pueda mantener miles de pelotas bajo el agua sin tener que usar nuestros propios dedos.

La clave es el rastreo dual—prestando atención simultáneamente a lo urgente y a lo importante, usando cada actividad posible para pagar las cuentas del mes y construir una empresa que haga dinero cuando estemos de vacaciones.

La mecánica del rastreo dual

Hay tres cosas que no van a dejar que perdamos nuestro enfoque y seamos dominados por la tiranía de lo urgente: Un Gran Porqué y Dos Jefes.

El Gran Porqué

Hacer dinero no es una visión que nos va a dar fuerzas y sacarnos de la cama cuando se nos hace difícil vender. Pero el tener una razón poderosa para construir una empresa exitosa nos va a llevar a través de los momentos duros. ¿Qué razón sería lo suficientemente poderosa para aguantar hasta el final?

Las metas de vida.

¿Cuales son las metas de vida que podemos alcanzar a través de nuestro negocio? Necesitamos una imagen clara de lo que queremos con nuestra vida para tener una razón para estar en los negocios que sea más grande que sólo hacer dinero. Y el tener un Gran Porqué nos va a ayudar a hacer más dinero y alcanzar la madurez empresarial, como veremos en el capítulo 5.

JEFE #1 — UN PLAN ESTRATÉGICO

Ya hemos visto que si no tenemos gente alrededor nuestro ayudándonos a superar las etapas, no alcanzaremos madurez. Así que conozcamos a los Dos Jefes.

El primer jefe es el plan estratégico. No es un plan de negocios—esos son para que los bancos les echen un vistazo antes de dar un préstamo y luego son archivados. Este es un plan muy sencillo de doce meses que se actualiza constantemente y que sirve para manejar cada paso estratégico y táctico en el negocio. El mío es de dos páginas.

Los cuatro componentes de un plan estratégico son:

1. Una visión empresarial (el Gran Porqué/valores)
2. Misión (el resultado que obtienen los clientes)
3. Estrategias para los siguientes 1 a 3 años (cómo va a hacer dinero)
4. Objetivos medibles a 12 meses (cómo mide su éxito en hacer dinero) que resultan en acciones mensuales que se pueden tomar para construir una empresa que haga dinero cuando el dueño está de vacaciones.

Un plan estratégico hace funcionar la empresa automáticamente y mantiene el balance entre hacer dinero hoy y construir un negocio que hace dinero. Más sobre esto en el capítulo 6.

JEFE # 2 — OJOS EXTERNOS

Un plan estratégico que dirija la empresa es bueno, pero también necesitamos ojos externos que nos ayuden a tener y mantener claridad y dirección. Muchas veces tratamos la empresa como nuestro bebé y somos prejuiciados, mientras otros van a ser más objetivos y van a ver cosas que nosotros nunca veríamos. Lo mejor es conseguir un grupo de colegas y reunirse una vez al mes para apoyarse mutuamente a cumplir con el plan. En los capítulos 9 y 10 hablaremos más de esto.

El Gran Porqué y los Dos Jefes nos encaminan a construir una empresa que haga dinero cuando estamos de vacaciones.

Usemos nuestras metas de vida, el plan estratégico y los ojos externos en nuestro negocio para animarnos a pasar tiempo en lo importante. Si permitimos que los Dos Jefes nos motiven a construir una empresa que haga dinero, es más probable que la empresa haga mucho más dinero, y que alcancemos nuestras metas de vida.

Pero antes de poner a trabajar al Gran Porqué y a los Dos Jefes, tenemos que decidir cuándo vamos a tener una empresa madura. Esta simple decisión puede trasnformar nuestra empresa y nuestro estilo de vida. Así que comencemos.

LAS SIETE ETAPAS SON COMO ESCALAR UNA MONTAÑA IMAGINARIA

Imagine que usted y un grupo de amigos van a escalar una montaña y que el comienzo de la ruta que escogieron va a tener sólo peñascos verticales, pero luego es más fácil. De hecho, podrían ir en automóvil (¡que aburrido!). Es una montaña grande y se van a demorar varios días. Pero cerca de la cima hay un hotel de lujo, con un campo de golf y un balneario. La ruta está planeada y se tiene todo el equipo necesario. Usted sabe que hay varios salientes e incluso pequeñas praderas donde se puede descansar antes de seguir escalando.

Cuando comienza el ascenso se siente una euforia por haber salido. "¡Que divertido!" Por fin comenzó la experiencia que habían planeado. Tal como en la etapa 1 (Comienzo). Pero luego la euforia desaparece porque usted está sudando y agarrándose de los huecos para no caerse. "No pensé que fuera a ser tan difícil." Esta es la etapa 2 (Supervivencia).

La primera sección del peñasco es la más larga, por lo que entran en modo de supervivencia. El deseo constante es bajarse en rappel y darse por vencidos. Pareciera que el peñaso nunca se fuera a acabar. No se puede ver la primera saliente y dudan que exista, pero antes de rendirse, ahí está. Usted se tira en la pequeña pradera y se siente como si hubiera ganado la lotería. Cada uno arma su tienda y colapsan exhaustos. La etapa 3 (Estabilidad).

Al día siguiente le echan un mejor vistazo a la pradera y se dan cuenta que es más como una zanja. Hay que decidir si se baja en rappel o se sigue escalando hasta la siguiente pradera. El problema es que el primer peñasco fue muy largo y la experiencia sigue fresca en su mente, por lo que es difícil continuar. Aunque usted sabe que cada pared del peñasco que sigue es más corta y menos peligrosa que las anteriores, es difícil volver a escalar. Pero la zanja (la etapa 3) no es un lugar para vivir, y aunque un par de personas en el grupo decidieron regresarse, usted toma su equipo y continúa el ascenso.

Esta vez es duro y largo, pero no tanto como la primera pared y cuando llegan a la segunda pradera hay una sorpresa. Hay una fuente de agua, árboles frutales, y hasta una cabaña que alguien construyó para los turistas que suben por la ruta fácil. Esta es la etapa 4 (Estabilidad). Aquí se podrían quedar por días, o incluso terminar la aventura aquí y regresarse por la carretera. Eso es lo que hace la mayoría de la gente que llega a este punto, por lo que es más tentador— todos parecen llegar sólo hasta aquí, como si fuera normal y no simplemente mediocre. Pero a la mañana siguiente usted decide continuar.

Esta no es tan larga ni dura como las anteriores, y a medida que avanza, el trecho es menos empinado hasta que termina caminando en lugar de escalar. Etapa 5 (Éxito). Luego de un par de recodos, está la siguiente pradera, con el hotel, el campo de golf y el balneario. Usted llega al hotel e inmediatamente empieza a disfrutar de los frutos de su trabajo, con una sensación de satisfacción y significado. Etapa 6 (Significado). Ahora usted tiene una gran historia para contar y se pregunta qué habrá pasado con los escaladores que se rindieron en la mitad del ascenso. Etapa 7 (Sucesión).

PARTE II

CLARIDAD

Enfocándose en la prioridad de lo importante

Club 3a5:
El conteo final hacia la
madurez de la empresa

4

"El secreto para salir adelante es empezar."

—MARK TWAIN

R ecordemos los dos fundamentos de la madurez empresarial:

1. El dueño no es el productor.

2. La empresa hace dinero mientras el dueño está de vacaciones. La empresa ofrece dinero y tiempo. Más allá de esto, una empresa madura se puede ver de muchas formas, dependiendo de qué tanto quiera involucrarse en el futuro.

Al igual que yo, el empresario puede decidir si quiere llegar hasta la etapa 6 (Significado), y permancer al frente de la empresa proveyendo dirección. O puede ir hasta la etapa 7 y convertirse en el mito de la compañía—el fundador que camina por los corredores de vez en cuando, patrocina eventos de beneficiencia, y se reúne con la junta directiva para hablar del futuro y mantener la visión clara. Mrs. Fields y Charles Schwab se han convertido en mitos en sus compañías. Si esa es la intención que tenemos, también podemos serlo.

No se trata de crecer una compañía hasta que sea una corporación gigante ni mucho menos crecerla para venderla y ya. Se trata simplemente de crecer una empresa que podamos disfrutar. Si disfrutamos ser el mito de la compañía, lleguemos a la etapa 7 (Sucesión). Si queremos seguir involucrados, la etapa 6 (Significado) es un gran lugar desde el cual dirigir una compañía por 30 años.

Eso es lo maravilloso de la madurez empresarial. Podemos diseñar nuestro propio estilo de vida futuro y luego usar la empresa para llegar allá. ¿Queremos una casa grande cerca a la playa? ¿Una fundación propia? ¿Fotos que muestren que escalamos las 100 montañas más altas del mundo? Todo eso está a nuestro alcance si tomamos estos tres pasos.

TRES PASOS QUE TRANSFORMAN VIDAS

Creo que las cosas más profundas son las más sencillas y estos tres pasos son una confirmación de ello. Y entre más grande la decisión, mayor es el impacto de estos tres pasos:

1. Tome una decisión.
2. Escoja una fecha.
3. Anúncielo públicamente.

Tomar una decisión es algo bueno. Pero a menudo lo que pasa es que no tomamos ninguna decisión, simplemente decimos que así fue. Así que el primer paso es un ejercicio mental para movernos hacia adelante.

Cuando escogemos una fecha para terminar la tarea o alcanzar el objetivo, es cuando ponemos en marcha algo emocionante que nos puede llevar al éxito. Pero incluso después de esto podemos cambiar la fecha si queremos. No es sino hasta que anunciamos la decisión públicamente que algo cambia en nosotros. Cuando fijamos una fecha e invitamos a otros a celebrar con nosotros, o lo ponemos en nuestro boletín informativo y nos comprometemos a tener un evento, es cuando en realidad entramos al campo de juego. Anunciar algo públicamente es como quemar puentes—no hay cómo regresarse. Es algo difícil de hacer, pero el enfoque y la energía que manan de anunciar la decisión y la fecha públicamente no se compara con nada.

Un hombre llamado Hawthorne estudió la productividad a principios del siglo veinte y encontró que cuando medimos nuestro trabajo, la productividad crece, pero cuando medimos y reportamos los resultados, nuestra productividad crece exponencialmente. Probablemente aplicamos esto para cosas de corto plazo como los reportes de ventas semanales y mensuales pero no lo hacemos con nuestro objetivo principal, crecer la empresa hasta que sea madura, y dejamos esto completamente al azar sin comprometernos a una fecha determinada.

LA SEGUNDA PREGUNTA MÁS IMPORTANTE EN LOS NEGOCIOS

Como hemos visto, la pregunta más importante en los negocios es, "¿Cómo va a ser mi empresa cuando alcance la madurez?" La segunda pregunta es, "¿Cuándo?" Y no se hace a menudo.

Jeanne Samuelson, una amiga mía que tiene una compañía de entrenamiento corporativo, me contó cómo empezó. O mejor, cómo no empezó. Ella tenía todos los planes, el currículo y los lugares. También estaba construyendo su red de personas pero no tenía idea cómo conseguir clientes. Luego fue a una conferencia para profesionales de recursos humanos (su mercado objetivo) donde había 125 asistentes.

El moderador comenzó el día preguntando si alguien tenía talleres, seminarios, o eventos para anunciar, y si era así, podían pasar una hoja para que la gente se inscribiera. Jeanne no tenía nada planeado en ese momento, pero sabiendo que esta era su mejor oportunidad para alcanzar 125 personas en su mercado objetivo, tomó unas hojas, se inventó un título para el evento, le puso una fecha, y lo rotó entre la gente.

Una persona se inscribió. Jeanne se sintió decepcionada en tres maneras:

1. "¡Oh, no! ¡Sólo un tipo se inscribió!"
2. Se acababa de comprometer a dar un evento que no tenía planeado y no estaba lista para dar.
3. Probablemente iba a perder dinero en el evento.

Aunque sólo faltaban 4 semanas para el evento, trabajó fuertemente para no pasar una humillación y tener sólo una persona y al final consiguió 18 profesionales de recursos humanos. Fue un gran éxito. Luego de meses de no avanzar en su negocio, al fin hizo algo grande y se encaminó. ¿Por qué?

Porque decidió hacer algo y, lo más importante, le puso

una fecha. No podía evadir la fecha porque ya otros sabían y se habían comprometido. El anuncio fue público.

Es asombroso ver lo que pasa cuando tomamos esos tres pasos tan sencillos: **decidimos hacer algo, le ponemos una fecha, y lo anunciamos públicamente.** Es como las parejas que han estado comprometidas por años. Su intención era estar comprometidos, no casados. Cuando una pareja en realidad decide (tiene la intención) de casarse, van a poner una fecha y sus vidas cambiarán para siempre.

"¿Cuándo?" no debería ser una pregunta tan inusual en los negocios, pero no es un secreto la razón por la que la evitamos. Porque nos hace cambiar. Y no nos gusta cambiar, incluso si vamos a hacer más dinero en menos tiempo por haber cambiado. Así que "tomamos decisiones" sin compromiso para evitar tener éxito.

Una decisión no es una decisión hasta que le ponemos una fecha. Hasta entonces, sólo estamos jugando a la oficina.

Luego de decidir que queremos un negocio maduro, debemos tener una fecha para la madurez de la empresa. Hasta que no tengamos una, la empresa no va a alcanzar la madurez.

Club 3a5

Para ayudarnos en este proceso de construir una empresa madura, comencé un nuevo "club" para empresarios comprometidos y enfocados en ciudades alrededor del mundo. Se llama el Club 3a5. Para ser un miembro, el empresario debe:

1. **Tomar la decisión** que *a)* va a dejar de tratar de hacer dinero y se va a comprometer a construir una empresa que haga dinero y *b)* va a definir y describir lo que

significa un negocio maduro para él (al menos debe hacer dinero cuando él no está presente).

2. **Escoger una fecha** cuando la empresa va a ser madura—no cuando la va a vender, sino cuando la disfrutará completamente. Y debe escoger una hora del día, no solamente un día (explicaré la razón luego).

3. **Anunciarlo públicamente.** No va a haber un cambio permanente hasta que esto ocurra.

¿Por qué el nombre Club 3a5? Estoy convencido que es normal que una empresa crezca desde su concepción a la madurez básica entre 3 y 5 años. Aunque es normal, el promedio de las empresas no lo hacen.

Los inversionistas casi siempre quieren recuperar su dinero en tres años o menos, y cinco años es el escenario del peor caso. Hay mucha evidencia que crecer un negocio hasta la madurez en 3 a 5 años es normal. Todos conocemos a esa mujer que, a los 35 años, ya había crecido y vendido cuatro empresas y ahora está en su quinto negocio. La gente como ella no tienen talentos especiales, simplemente tienen intención.

En las mejores y peores circunstancias, se puede crecer una empresa madura entre 2 y 7 años, así que no soy tan estricto con el 3 a 5, pero sí creo que este rango es factible para cualquier empresa. Y puesto que la mayoría de empresarios que están leyendo esto ya tienen una empresa y han dejado atrás algunas etapas, puede que les tome menos tiempo.

No es obligatorio escoger una fecha en el rango de 3 a 5. Pero hay que escoger una fecha que nos asuste un poquito. Si decimos 8, 10, 12 años, no vamos a sentir la urgencia que necesitamos para tener la intención cada día de crecer una empresa. Así que seamos ambiciosamente perezosos y terminemos rápido.

PASEANDO PERROS CON INTENCIÓN

Hace un tiempo una mujer me dijo que quería empezar un negocio paseando perros. Yo le pregunté cuándo planeaba hacer su primer millón de dólares y me miró como si hubiera crecido otra cabeza. Se rió y me dijo, "Um, es paseando perros." Entonces la dije de una compañía que pasea perros que hace millones de dólares al año y que llegaron allá en menos de cinco años.

¿Cómo lo lograron? Simplemente tenían la intención de hacerlo. La intención de los dueños no era pasear perros por siempre sino construir una empresa que hiciera dinero cuando estaban de vacaciones. Y lo obtuvieron.

LA FECHA DE MADUREZ EMPRESARIAL Y LA INTENCIONALIDAD

La intencionalidad lo es todo. ¿Pero significa eso que tenemos que tener todos los detalles calculados de antemano? Por el contrario. Si miro a mi pasado, seguro me reiría de algunas de mis proyecciones pues algunas cosas que pensé que iban a ser grandes nunca lo fueron. Esto no importa, porque los detalles vienen después de la claridad que trae la intencionalidad.

Ser intencional significa comprometerse a las pocas acciones que nos van a llevar a donde queremos ir, y de repente tenemos claridad y detalles. Si no hacemos esas pocas cosas activamente, no somos intencionales, simplemente jugamos a la oficina.

Así que para ser intencionales con la decisión de madurar la empresa, la pregunta que nos tenemos que hacer es "¿Cuándo?" De hecho, el mensaje más importante de este libro es:

Escoja la fecha de madurez de su empresa.

Así de sencillo. Un día y hora siginificativos en los próximos tres a cinco años cuando ya no tenga que ser el productor, de manera que la empresa haga dinero cuando el dueño no está. Le cambiará por siempre—de ser un rehén a ser alguien en el camimo a la libertad (prosperidad).

El comprometerme a mi Fecha de Madurez Empresarial (FME) me sacó del miedo de la etapa 1 y me ayudó a pasar por el estancamiento en el que la mayoría de empresas se resigna en la etapa 4. Yo no tengo tiempo para estar estancado en ninguna etapa. Tengo una misión y el sonido de las manijas del reloj es como una voz diciéndome "Acabas a las 10 a.m."

CÓMO ESCOGÍ MI FECHA DE MADUREZ EMPRESARIAL

El 6 de marzo del 2007, oficialmente comencé mi negocio con el taller de *Conocimientos para Líderes de Negocios* con 24 personas. Tres años, 11 meses, 2 semanas, y 22 horas y media después, habré construido un negocio que hace dinero mientras estoy de vacaciones. Haste entonces, tengo mucho trabajo por hacer y el reloj continúa moviéndose sin descanso.

Lo anterior siginifca que tendré una empresa madura a las 10 a.m. el viernes, 18 de febrero del 2011. Ese día espero tener una mezcla de las etapas 6 y 7 donde otros se encarguen del día a día de la empresa. Sé cuánto dinero voy a estar haciendo ese día y cuánto me llevaré a casa. Después de ese día, continuaré trabajando en el desarrollo y presentación de contenidos. ¿Por qué a las 10 a.m. ese viernes? A las 8:30 de esa mañana, tendré una reunión con mis empleados y les encargaré la empresa, tomaré un vaso de champaña con ellos y saldré a las 10 a.m. para empacar mis maletas. A las 6:10 p.m. mi esposa y yo estaremos en un avión hacia Auckland, Nueva Zelanda, las vacaciones de sus sueños, para celebrar por tres semanas. Llegaremos a Auckland a las 7:25 a.m. del domingo. Incluyendo tiquetes de avión, hoteles, comida, excursiones, dinero para gastar y para emergencias, el viaje costará US $12,380.

A propósito, al momento de escribir este libro (enero del 2009), no tengo empleados. Y eso no me molesta porque siempre y cuando sepa a dónde quiero llegar y cuándo, voy a encontrar la forma de lograrlo. Para alcanzar esta visión, tengo que recordar siempre que el 90 por ciento de la respuesta es hacer la pregunta correcta. Creo que tengo la pregunta correcta: "¿Cómo construyo una empresa madura para el viernes, 18 de febrero del 2011 a las 10 a.m.?" Con esta pregunta ya puedo pensar en los detalles y el proceso que debo seguir.

Este concepto me ha transformado y puede hacer lo mismo con cualquier empresario que se comprometa a tener una fecha para madurar su empresa.

UN RELOJ EN SU CABEZA

Lo que más me cambió en esta jornada fue decidir la hora exacta del día: 10 a.m. Escoger el año 2011 no me hubiera cambiado; incluso escoger febrero no hubiera sido tan significativo. Escoger la fecha exacta, febrero 18, tuvo un impacto, pero cuando escogí la hora del día, algo muy interesante ocurrió—un reloj comenzó a sonar en mi cabeza. Descubrí cómo convertir la prioridad de lo importante en algo tan urgente como todos los tiranos de mi negocio: el tiempo se está acabando. Hay mucho por hacer y tengo que terminar a las 10 a.m. Muchas mañanas me levanto pensando, "Oh, cielos, termino a las diez. Sólo tengo hasta las 10 de la mañana. ¿Qué tengo que hacer ahora?" Esto le añadió un sentido sano de urgencia a la prioridad de lo importante.

La fecha del 18 de febrero no fue escogida al azar, tampoco. Yo tengo algunos compromisos mensuales que siempre están programados para la segunda y tercera semana del mes. Esto me da la flexibilidad en la primera y cuarta semanas de tomar hasta dos semanas (tres cuando el mes tiene cinco semanas) para hacer lo que quiera, ya sea vacaciones o desarrollo profesional. El último compromiso de ese mes es el 17 de febrero.

También calculé que podía construir una empresa madura en cuatro años, lo que me llevaba hasta febrero del 2011. Me pareció razonable que podía llevar el negocio a un nivel de ingresos que pudiera sostener mi meta de estilo de vida (ver el capítulo 5) para esa fecha. Así que con esta combinación de factores, el 18 de febrero se convirtió en el día perfecto para apuntar. Y la hora de las 10 a.m. me premitiría celebrar, empacar e irme para el aeropuerto.

Y he anunciado esta fecha públicamente por varios años, con amigos, durante las comidas, en talleres, mi blog, conferencias y este libro. No lo diría si no estuviera totalmente comprometido a lograrlo. Y si llego a la madurez algunos meses antes o después, estaré contento que trabajé duro para lograrlo, porque sin ese compromiso, no estaría cerca de la madurez empresarial en 20 años.

UNA DECISIÓN CRÍTICA—TÓMELA SABIAMENTE

Hay una razón muy importante por la que enfatizo todos estos detalles. No debemos escoger una Fecha de Madurez Empresarial a la ligera. Es la decisón más importante en los negocios. De hecho, es el objetivo más importante que debemos plantear para nuestra empresa. Yo me gasté todo un fin de semana y varias horas en las semanas siguientes con mi esposa, Diane, para concretar el viernes, 18 de febrero del 2011 a las 10 a.m.

Hice una descripción clara de cómo iba a ser la empresa en esa fecha, cómo iba a ser mi estilo de vida ideal, incluyendo cuánto dinero iba a hacer, y las ganancias que los productos y servicios de la empresa iban a generar para lograr esto.

No es una decisión tomada sin seriedad. Es una decisión que si le prestamos atención va a cambiar nuestra vida, pero si no, simplemente será un momento grato y pasajero en el proceso de cuidar una empresa que no crece y que es controlada por lo urgente.

CÓMO DESCRIBIR UNA EMPRESA MADURA

La madurez de una empresa no se define por su funcionamiento, sino por el estilo de vida que le da al dueño. Los siguientes cinco pasos nos permitirán construir un grandioso estilo de vida con nuestra empresa:

1. *Conocer nuestras metas de vida.* ¿Por qué estamos haciendo esto? ¿Con qué fin? Hacer dinero no es una visión vigorizante, especialmente cuando tenemos dificultades haciendo dinero. En el capítulo 6 aprenderemos cómo establecer metas de vida.

2. *Calcular el tiempo y dinero requeridos para crear el estilo de vida ideal para vivir esas metas de vida.* ¿Seguiremos trabajando o dedicaremos nuestro tiempo a algo más? ¿Qué tipo de casa queremos? ¿Cuánto dinero para viajar necesitaremos? Podríamos quedarnos en este paso para siempre, pero en el próximo capítulo lo vamos a completar.

3. *Decidir cuándo queremos tener ese estilo de vida ideal.* Si alguien no quiere ponerle una fecha, debe dejar de leer este libro. El cuándo que escojamos para nuestro estilo de vida ideal tendrá una relación directa con el cuándo que escojamos para la madurez de la empresa. Inclusive podrían ser la misma fecha. Pero si no tenemos una fecha para el estilo de vida ideal, nunca llegaremos a la fecha de madurez de la empresa. También hablaremos de esto en el siguiente capítulo.

4. Una vez sepamos el costo del estilo de vida ideal, podremos proyectar *cuántos ingresos necesitará generar la empresa* para tener el salario necesario, y cómo lo va a generar de manera que tegamos el tiempo libre necesario para ese estilo de vida. La empresa debe generar dinero y tiempo, no sólo dinero.

Un paréntesis—siempre me ha asombrado que al comienzo del año, un empresario saca una cifra de crecimiento al azar, sin base en objetivos futuros. Dice, por ejemplo, "Creo que voy a crecer mi negocio en un 20% este año," como si fuera un juego infantil. Esto es importante, porque si sabemos lo que cuesta nuestro estilo de vida ideal, y cuándo queremos tenerlo, podemos dividir el tiempo restante por el costo y saber exactamente cuánto necesitamos que el negocio crezca este año.

Ahora lo importante tiene una urgencia que antes no tenía.

5. *Desarrollar un plan muy sencillo que muestre cómo la empresa va a generar el tiempo y el dinero necesario para vivir el estilo de vida ideal en sustento de las metas de vida.* Yo uso un Plan Estratégico de dos páginas para manejar mi empresa diariamente. Casi todos mis clientes lo están usando también. Más acerca de esto en otro capítulo.

ATANDO LOS CABOS

En los capítulos siguientes vamos a aprender cómo descubrir nuestras metas de vida (¡ya las estamos viviendo!), nuestro estilo de vida ideal, y cómo construir un Plan Estratégico para usar nuestra empresa para alcanzar esa metas.

Una vez tengamos estos fundamentos establecidos, sólo queda una cosa por hacer: Escoger la Fecha de Madurez Empresarial y tener una buena razón para haber escogido esa fecha. Que sea lo más significativa posible.

No tiene que venir de un análisis exhaustivo del negocio. Puede ser un cumpleaños, o el quinto aniversario de la empresa. Pero hay que tener una buena justificación por la cual escogimos ese año, mes, día y hora. Jan Radin, la dueña de una clínica de emergencias, escogió el día del cumpleaños de su fallecido padre tres años en el futuro, porque su padre fue un gran empresario y ella quería honrarlo llegando a la madurez empresarial en su cumpleaños.

Entre más emocionados estemos al pensar en esto, mejor. El objetivo de una Fecha de Madurez Empresarial no es comprender el proceso para llegar allá, sino simplemente dónde es ese "allá."

¿QUÉ TAL SI NO LO LOGRAMOS?

Hay gente que usa una lógica errada aquí: "Tengo miedo de no alcanzar mi FME, así que mejor no lo intento." Esta forma de pensar es muy común.

No voy a dar 10 razones para motivarnos a llegar allá. Después de muchos años de trabajar con gente, he visto que este es uno de los lugares favoritos de los empresarios para esconderse. "Siempre y cuando no tome una decisión, ponga una fecha, y lo anuncie públicamente, no me tengo que preocupar por fracasar."

La verdad es que el hombre siempre encuentra su destino, incluso en el camino que tomó para evitarlo.

Puedo decir con total certeza que un empresario va a fracasar en alcanzar la fecha de madurez de su empresa si no establece una, la anuncia públicamente y la persigue. Yo tengo un mejor chance de alcanzar mi FME porque estoy trabajando con intencionalidad para llegar a ella. El que decide no intentarlo para evitar el fracaso, ya ha fracasado.

TEMA LO PROBABLE, NO LO POSIBLE

Si mi empresa no es madura el viernes 18 de febrero del 2011 a las 10 a.m., ¿habré fracasado? No, habré tenido una jornada increíblemente gratificante, la que me hubiera perdido sino lo hubiera intentado. Y si me tomo otros seis meses o un año, lo voy a lograr es porque lo intenté. Si no lo intento, estoy condenado a vivir en la pesadilla de la etapa 4 donde el 95% de las empresas se han resignado a quedarse. Eso es fracaso asegurado, y algo a lo que hay que temer.

Temamos lo probable, no lo posible. Es posible que no alcanzemos la Fecha de Madurez Empresarial, pero el fracaso es mucho más probable si no lo intentamos.

Como el maestro Yoda dice en la Guerra de las Galaxias, "Hazlo o no lo hagas. Pero no lo intentes."

ANÚNCIALO PÚBLICAMENTE

Luego de decidir crecer un negocio a la madurez y escoger una fecha, debemos hacerlo público. Digámosle a todo el mundo. Nuestra Fecha de Madurez Empresarial debe estar en nuestra pared, en la billetera, en el tablero del auto, en el protector de pantalla. Aún mejor, encontremos un grupo de empresarios que lo hagan con nosotros. Para unirse o formar un Club 3a5 con otros empresarios, hemos creado esta página:

www.GrupoCrankset.com/3a5

Esto puede significar la vida o la muerte empresarial.

Los próximos capítulos son una guía para convertir esta visión en realidad.

Lo que no se puede ignorar si queremos crecer la empresa

5

Toda empresa nos debe generar tiempo, dinero y significado.
¿Por qué sólo le pedimos dinero?

—CHUCK BLAKEMAN

ay cuatro bloques sobre los que toda empresa privada se debe construir, sin importar si les prestamos atención o no. La mayoría de empresarios no se da cuenta porque están demasiado ocupados haciendo dinero.

Vamos a verlos en detalle en los capítulos siguientes, pero necesitamos entender el contexto de por qué los siguientes capítulos son tan importantes si queremos un negocio que haga dinero en nuestras vacaciones. Estos elementos no se pueden ignorar porque van a afectar a cualquier empresa y están conectados entre sí. No hay nada en la vida o los negocios que esté totalmente aislado—todo está interconectado. Si no tomamos el control de estos elementos, siempre nos vamos a sentir como esclavos de nuestra propia empresa.

Examinemos la conexión entre estos cuatro fundamentos y cómo cada uno se apoya en el anterior.

¿Por qué?

Costo del porqué

① Metas de vida &
Estilo de vida ideal

FMN
Plan estratégico
Ingreso necesario
para vivir el porqué

②ₐ Fecha de Madurez Empresarial
②ᵦ Plan estratégico de 2 páginas

Procesos necesarios
para desarrollar el plan
y producir el ingreso

③ Mapeo de procesos/
Descripciones

Ojos externos en el negocio

④ Comunidad de
empresarios,
asesores, mentores

EL PROPÓSITO DE UN NEGOCIO

El propósito de un negocio o empresa es adquirir y retener clientes que den ganancias. Si adquirimos pero no retenemos, se nos acaba el negocio. Si tenemos grupos pequeños de clientes de hace mucho tiempo pero no podemos conseguir más, se nos acaba el negocio. Si somos buenos adquiriendo y reteniendo clientes, pero no tenemos ganancias, también se nos va a acabar el negocio. Así que necesitamos las tres cosas: adquirir, retener, y dar ganancias. Cualquier cosa que se nos ocurra en los negocios tiene que ver con estas tres cosas. Pero como ya sabemos, eso no es todo lo que se requiere.

Primer bloque de construcción — Metas de vida

El propósito de ser dueño de una empresa es muy diferente al propósito de la empresa misma—es simplemente crear el estilo de vida que el dueño quiere para sí mismo, sus seres queridos y sus empleados. Se trata del estilo de vida y el significado, no de adquirir y retener clientes. La empresa se encarga de adquirir, retener y generar ganancias mientras el empresario se encarga de crear un estilo de vida que le permite tener un impacto positivo en el mundo.

Todos los que conozco que comenzaron o compraron una empresa han tenido el objetivo, al menos inconscientemente, de crear un mejor estilo de vida que el que tenían cuando trabajaban para otros. No conozco a nadie que se vuelva empresario pensando, "Bueno, esto no me va a permitir tener tanto tiempo, dinero, energía o libertad como cuando tenía mi empleo, pero estoy muy emocionado que lo voy a hacer." No, nuestra esperanza es hacer más dinero en menos tiempo en comparación con nuestro antiguo empleo, de manera que podamos tener más dinero y más tiempo para disfrutar la vida y tener un impacto significativo en el mundo.

Las metas de vida están en la cima de la pirámide porque son metas personales del empresario que van mucho más allá de su negocio. Ya que tengo metas de vida, no necesito tener metas empresariales—más sobre esto en otro capítulo. Debemos usar nuestras empresas para alcanzar nuestras metas de vida, las cuales se forman haciéndonos preguntas como:

- "¿Cuál es mi estilo de vida ideal?"
- "¿Por qué quiero vivir de esa manera?"

- "¿Qué le contribuyo al mundo y por qué?"
- "¿Cuánto cuesta llevar esa vida y hacer esa contribución?"

No tiene sentido construir una empresa hasta que contestemos estas preguntas. Pero la mayoría de empresarios nunca piensan en la razón por la que están construyendo su empresa, excepto para decir que necesitan hacer dinero, que como hemos visto, está matando su potencial de tener una empresa madura.

Tenemos que saber por qué estamos haciendo lo que estamos haciendo. Si no tenemos claridad en nuestras metas de vida, o lo que yo llamo "El Gran Porqué," no tendremos una motivación fuerte para crecer una empresa. Por eso muchos no se quieren levantar de la cama en los días que no van a hacer dinero, porque todo su enfoque está en hacer dinero. Un Gran Porqué nos va a sacar de la cama sin importar lo que el día nos depare, porque vamos tras algo más grande que las ganancias o las pérdidas del día. E irónicamente, este Gran Porqué nos ayuda a hacer más dinero hoy.

En el capítulo 6 vamos a desarrollar el Gran Porqué y aprender el rol tan importante que tiene en el proceso de construir una empresa madura.

Segundo bloque de construcción— El plan estratégico

A mí no me gustan los planes de negocios. Nadie los mira después de la financiación. Es mejor tener un plan estratégico sencillo de dos páginas para manejar la empresa. Aprenderemos cómo hacer uno en el capítulo 7.

Hasta que no sepamos nuestro Gran Porqué, no tiene sentido hacer un plan estratégico porque no podemos responder la pregunta, "¿Un plan estratégico para qué?" Si no sabemos qué resultado queremos que nos dé la empresa, ¿cómo esperamos avanzar? Una vez sabemos cuál es nuestro Gran Porqué y cuánto cuesta, podemos hacer una pregunta relacionada con el negocio: "¿Cuánto dinero y tiempo necesita generar la empresa para mantener el estilo de vida y la contribución que quiero hacer en el mundo?" Una vez sabemos cuánto necesitamos en ingresos personales, va a ser claro cuántas ganancias tiene que generar la empresa para darnos ese salario. Ese es el comienzo del plan estratégico—¿cuánto ingreso personal quiero y para cuándo? Más acerca del plan estratégico en el capítulo 7.

Tercer bloque de construcción— Mapeo de procesos

El mapeo de procesos es el resultado táctico de tener un Gran Porqué, saber lo que cuesta mantener ese estilo de vida y crear un plan estratégico para llegar allá. Es la herramienta práctica que asegura que trabajemos el plan estratégico y produzcamos las ganancias.

El mapeo de procesos (o mapeo a la libertad) siempre revoluciona la forma en que un empresario hace negocios.

Joan Schulte es dueña de media docena de edificios comerciales en Chicago. Yo le dije que se iba a sentir molesta cuando viera que me pagaba por enseñarle algo tan básico y sencillo (pero fundamental) para su empresa. Cuando le mostré el mapa de procesos, dijo, "¿Por qué no hice esto hace 15 años?" Los procesos son una parte fundamental de una empresa exitosa y el mapeo de procesos que enseño en este libro es la forma más sencilla y práctica para que funcionen bien.

El mapeo de procesos también es la clave táctica para bajarse de la caminadora y finalmente salirse de la carrera de locos de las etapas 2 (Supervivencia), 3 (Subsistencia) y 4 (Estabilidad) y moverse hacia la etapa 5 (Éxito). En el capítulo 8 veremos cómo hacer el mapeo de procesos necesario para moverse de la Estabilidad al Éxito y más allá.

Ninguna otra cosa nos va a bajar de la caminadora tan rápido o con más claridad y esperanza que el mapeo de procesos. Puede ser un poco aburrido pero es la forma más segura de hacer más dinero en menos tiempo.

Cuarto bloque de construcción— Ojos Externos

No importa cuánto conocimiento objetivo tengamos acerca de los negocios, seguimos siendo subjetivos acerca de nuestro trabajo. Todos tienen puntos ciegos y todos necesitan ayuda para verlos. Al sudar tratando de llevar la empresa de una etapa a otra, nos apegamos a ella de una manera que nadie más lo puede entender. Es como mis hijos—yo pienso que mis hijos son los niños más hermosos del mundo y siempre los voy a a amar más que a los hijos de cualquier otro. Es natural. Mi empresa también es mi bebé y soy más emocional y subjetivo respecto a ella de lo que podría darme cuenta.

Para lograr un balance, los empresarios necesitan con urgencia ojos externos en su negocio. La mejor ilustración de esto ocurrió en uno de mis clubes el año pasado. Todos estábamos tratando de ayudar a Jerry con un problema específico que no le permitía moverse de la etapa 4 a la 5. Alex, uno de los siete empresarios presentes, le dió muy buenas ideas y un plan de acción muy práctico a Jerry.

Dos horas después, cuando era su turno, Alex comenzó a describir un problema que era igual al de Jerry. A medida que Alex compartía su problema, todos se miraban entre sí, sonriendo y esperando que alguien mencionara algo. Finalmente, Jerry habló, "¿Me lo estoy imaginando o no creen ustedes que el problema de Alex es idéntico al mío?" Alex se detuvo, y de repente cayó en cuenta. Todos se rieron y Alex dijo, "Jerry, ¿me podrías mandar las notas de todas esas ideas que te dí? Creo que las voy a necesitar."

No se trata de que los otros son más inteligentes, sino de tener a otros que puedan hablar con objetividad sobre aquellas cosas que no vemos por nosotros mismos. Ya sea un asesor de negocios, un grupo de colegas, u otra influencia externa comprometida, cuando recibimos esta ayuda aceleramos nuestro movimiento de una etapa de madurez a la otra en una manera que no lograríamos por nuestra propia cuenta.

EL INDIVIDUALISTA OBSTINADO

Por alguna razón el mito del individualista obstinado ha permeado la cultura de negocios más que otra área de la sociedad. Cuando nos casamos, tenemos comunidad; cuando nos mudamos a una casa o apartamento, tenemos comunidad; cuando practicamos un deporte con el fútbol, tenemos comunidad; pero cuando compramos un negocio . . . pues, "Buena suerte con eso, ahora está solo." Desde el día que abrimos al público se supone que todo debe funcionar sin problemas. "¿Cómo va la empresa?" siempre se responde con un "¡Muy bien!" Mientras tanto nos estamos muriendo por dentro, preguntándonos si estamos llevando la empresa hacia un precipicio.

Si sólo se aprende una cosa de este libro, que sea el tener ojos externos en la empresa para dar dirección y ánimo. No hay nada mejor que eso. El bebé (la empresa) puede ser hermoso, pero sería bueno saber si tiene problemas médicos que no podemos ver. Para eso necesitamos ojos externos.

ATANDO LOS CABOS—CÓMO SEGUIR ESTE PROCESO

Yo no puedo ofrecer ojos externos con sólo este libro. Cada empresario debe salir a buscar ese bloque de construcción y activarlo en su empresa. Pero el proceso de prestar atención a los otros tres bloques en los capítulos siguientes es sencillo:

1. *El Gran Porqué y el costo del estilo de vida ideal*—Debemos saber cuál es nuestro Gran Porqué para entender cuánto cuesta nuestro estilo de vida ideal.

2. *Las metas para las ganancias de la empresa*—Una vez sabemos el Gran Porqué y cuánto cuesta vivir así, podemos preguntar cuantas ganancias debe generar la empresa para darnos el salario que necesitamos.

3. *El plan estratégico*—cuando tenemos esa meta establecida, podemos preguntar, "¿Cómo va a generar la empresa ese ingreso y esas ganancias?"

4. *Fecha de Madurez Empresarial*—Una vez sepamos cuánto dinero debe generar la empresa para mantener nuestro estilo de vida, y cómo planeamos lograrlo, le ponemos una fecha para asegurarnos de que estamos comprometidos a

construir una empresa que haga dinero mientras estamos de vacaciones.

5. *Mapeo de Procesos*—Hacemos el mapeo de procesos para trabajar el plan y producir los ingresos.

PRIMERO LO PRIMERO

Antes de entrar en detalles acerca de los cuatro bloques de construcción, debemos entender los siete elementos de cualquier negocio o empresa. Al igual que los bloques de construcción, estos elementos existen sin importar si les prestamos atención. El nivel de atención que le prestemos a estos siete elementos va a determinar nuestro éxito o fracaso en construir una empresa madura. También los vamos a usar para elaborar nuestro plan estratégico y nuestro mapa de procesos. Así que es crítico entenderlos bien.

LOS SIETE ELEMENTOS DE UN NEGOCIO

Estos siete elementos tienen una fuerte influencia en los cuatro bloques de construcción de una empresa (metas de vida, plan estratégico, mapeo de procesos y ojos externos). Vamos a usar estos elementos como una lista de cosas que tenemos que manejar y desarrollar en nuestras empresas.

Toda empresa debe prestar atención a estos elementos si quiere ser exitosa. Casi todos los empresarios son muy buenos en algunos de estos elementos pero, sin saberlo, ignoran tres o cuatro de ellos todo el tiempo. Las empresas pequeñas son especialmente vulnerables a esto porque el dueño confía en sus fortalezas personales y no entiende que hasta que los siete elementos sean abordados, manejados y estén contribuyendo al negocio, la empresa nunca va a salir del modo de supervivencia. Una empresa exitosa tiene la gente y los sistemas establecidos para trabajar en estos siete elementos.

Así lo hacen todas las empresas grandiosas.

Recordemos que el propósito de un negocio es: Adquirir y retener clientes que den ganancias. Todos estos siete elementos nos ayudan a adquirir y retener clientes que dan ganancias, y los siete requieren sistemas y buenas relaciones para funcionar apropiadamente.

ELEMENTO UNO—VISIÓN Y LIDERAZGO

Stacy Sinjean, dueña de una pizzeria, contrató a un asesor externo (o un socio sin equidad) porque ella sabía que aunque le gustaba su trabajo diario y era muy buena en desarrollar y manejar sistemas y personas, no tenía idea cómo planear a largo plazo. Como resultado de contratar a esta persona, expandió a cuatro pizzerias y puso a alguien que las administrara mientras ella se enfocaba en la organización de beneficiencia que había comenzado.

Las buenas empresas saben para dónde van, por qué van hacia allá, y cuándo esperan llegar. Pero como hemos visto las dos preguntas que son más importantes en los negocios —"¿Por qué?" y "¿Cuándo?"—son las que menos se hacen. Hacer estas preguntas marca la diferencia entre ser el administrador de la empresa y ser el líder de la empresa. La mayoría simplemente administra y, como resultado, nunca sale de la etapa 3 (Subsistencia) o etapa 4 (Estabilidad) para madurar su empresa.

No estoy sugiriendo que nos convirtamos en conferencistas

Adquirir y Retener

R E L A C I O N E S	Visión y Liderazgo	S I S T E M A S
	Desarrollo del negocio	
	Operaciones y Entrega	
	Administración financiera	
	Satisfacción del cliente	
	Satisfacción del empleado	
	Comunidad, familia, personal	

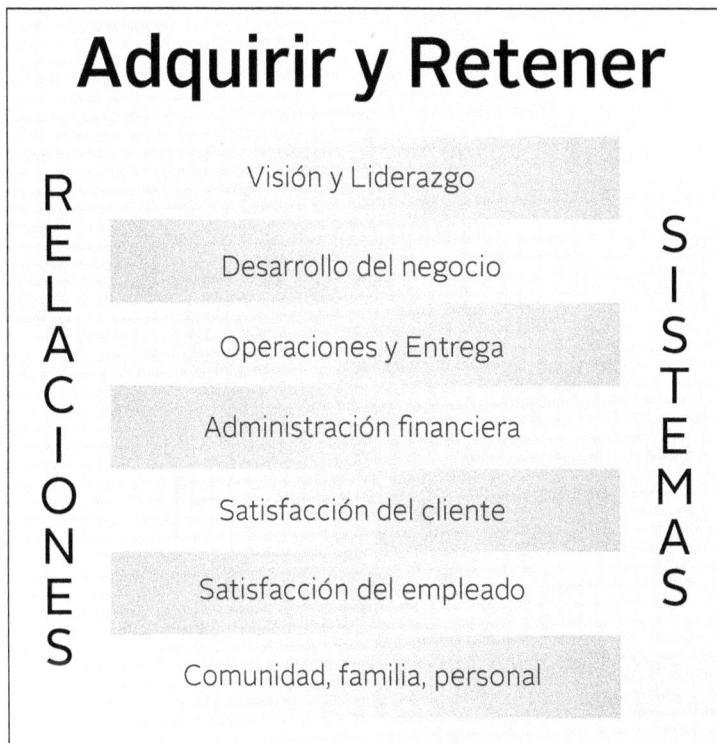

motivacionales. Sólo hay que preguntarse, "¿Por qué?" y "¿Cuándo?" a un nivel macro (cosas que afectarán la empresa por años) y a nivel micro (cosas que afectarán la empresa en los próximos meses). Si hacemos estas preguntas constantemente, estaremos liderando. Si no, estaremos administrando. Y hacer estas dos preguntas nos ayudará a entender mucho mejor los otros seis elementos.

ELEMENTO DOS—DESARROLLO DEL NEGOCIO

Amy Bjorn es una gran directora de arte, diseñadora gráfica, y administradora de proyectos quien había tenido mucho éxito durante dos décadas luego de salirse de una corporación grande. Un día vino a mí con un problema—ya no tenía más clientes. Las siete personas que le habían dado trabajos por 20 años, o se retiraron o cambiaron de proveedor en un periodo de seis meses. Amy nunca había tenido que buscar clientes por sí misma.

Trabajamos duro en una estrategia de desarrollo del negocio y puesto que Amy estaba dispuesta a trabajar, luego de tres meses ya tenía clientes y a los seis meses estaba ganando muy bien. Desde entonces, ha sido diligente en trabajar en su estrategia de desarrolo del negocio. Aprendió la lección que las empresas pequeñas no pueden separar las ventas y las operaciones y enfocarse en uno a la vez.

Necesitamos clientes. Para tener clientes hay que vender, y para vender necesitamos enteder nuestro mensaje y nuestro mercado. Para que todo esto funcione, debemos saber que el producto es viable y que lo vamos a seguir desarrollando de acuerdo a las necesidades de los clientes. Los empresarios que se enfocan más en la producción y las operaciones pierden esto de vista.

El desarrollo del negocio no es tanto un proceso de ventas, sino todo lo relacionado con la marca. ¿Cuál es nuestra marca?

1. La marca es lo que los clientes piensan de nosotros, no lo que pensamos nostros mismos.

2. La marca es los que ellos están comprando, lo cual puede ser totalmente diferente a lo que estamos vendiendo. Puede ser que estemos ofreciendo las cosas equivocadas pues ellos quieren comprar por una razón que no es obvia.

3. La marca es el *etos,* lo que nos hace únicos, lo que la compañía cree y promueve con sus acciones, no sus palabras.

Cómo fortalecer la marca y desarrollar el negocio

El esterotípico vendedor de autos usados se enfoca rápidamente en lo que puede decir o hacer para concretar la venta. ¿Qué cuerda emocional puede tocar? ¿Qué debilidad puede aprovechar? ¿Odian la confrontación? ¿Son fáciles de confundir? ¿Tienen egos grandes? ¿Tienen miedo de que alguien más les quite el auto? Y lo más importante, ¿cómo me perciben a mi, el vendedor?

A todos nos gusta comprar cosas, pero no nos gusta que nos vendan cosas. Yo creo que disfrutaría comprar muebles si no tuviera a alguien en mi cara todo el tiempo tratando de "responder mis preguntas" (traducción: tratando de ver qué me pueden vender).

He aquí un concepto sencillo: sirvamos, no vendamos. Nunca más le vendamos algo a alguien. Simplemente les vamos a servir en su situación y con lo que necesitan, incluso si lo que necesitan no tiene nada que ver con lo que nosotros ofrecemos. Los empresarios que tienen la disciplina de dejar de vender su producto o servicio y simplemente buscan la manera de servir a la gente que conocen, ven sus ventas incrementar exponencialmente.

¿Por qué? Primero, porque la gente compra de la gente (no de las compañías), y compran más de la gente que más les agrada. ¿Será que logro agradar a la gente siendo perspicaz o leyendo su lenguaje corporal? No, soy agradable para ellos cuando hago algo que en realidad les ayuda a resolver su problema.

Segundo, si servimos a la gente en lo que necesitan, no en lo que avanza nuestra agenda, vamos a generar confianza, credibilidad, y motivación a la misma vez. El resultado es, irónicamente, un sentimiento de obligación—"Usted me ha ayudado tanto que si hay algo que pueda hacer por usted…" El vendedor de autos usados se moriría por tener esa clase de lealtad de un cliente. El problema es que no es un servidor y por eso no llega hasta allá.

Yo sé que mucha gente lee esto pero no lo va a aplicar. Todos lo "creemos," pero puesto que la gratificación no es inmediata (no hay una venta rápida), nos es difícil hacerlo. La verdad es que se harán menos ventas rápidas, pero se harán muchas más ventas a largo plazo.

Y luego va a pasar algo así: "Mi amigo me dijo que usted lo ayudó de una manera que ni siquiera tenía que ver con su negocio. Por eso vine a comprar de usted."

Mi reto para los empresarios es que no hablen de su negocio, sólo que sirvan a la gente donde están, no donde quisiéran que estuvieran. Así se hace más dinero en menos tiempo.

ELEMENTO TRES—OPERACIONES Y ENTREGA

Puede ser que tengamos un gran producto o prestemos un servicio único. Estamos enamorados de nuestro producto y también los clientes. Es todo color de rosa. Pero la verdad es que los clientes no están comprando lo que estamos vendiendo.

A excepción de la administración financiera, este elemento del negocio es el que más hace tropezar a muchos empresarios, porque andan tan enamorados de su propio producto o servicio que no se dan cuenta de lo que gente quiere comprar en realidad. Se enfocan en la calidad de la producción porque quieren que el producto sea perfecto, pero a menudo, la gente no se fija tanto en la calidad. Más que calidad, la gente busca consistencia. Ellos toman la decisión acerca de la calidad que quieren antes de salir de su casa, y luego se dirigen hacia la tienda con el nivel de calidad más consistente.

En una ocasión me reuní con una de las mejores compañías de comunicaciones digitales en los Estados Unidos para hablar de cómo mejorar el rendimiento en sus centros de llamadas. Ellos estaban midiendo los criterios más comúnes—duración de la llamada, porcentaje de resoluciones en la primera llamada, tiempo de espera, abandonamiento, número de transferencias, etc. El objetivo era reducir esos números e intentar que todos los centros de llamadas imitaran al que tuviera las mejores estadísticas.

El problema era que se le había dicho a los directores de los centros de llamadas que descubrieran todo localmente, suponiendo que al darles la responsabilidad del problema iban a tener una mejor solución. Es como decirle a 12 fábricas diferentes que hagan computadoras de la forma que mejor les parezca— muy buenas intenciones pero un mal resultado. Yo les dije que *el centro de llamadas con la mejor calidad de servicio al cliente estaba creando tantos problemas como el centro de llamadas con la peor calidad de servicio al cliente.* ¿Cómo es esto posible?

Porque los clientes no están comprando el producto o servicio de *mejor calidad,* sino la *experiencia más consistente.* Todos estamos tratando de vender la silla de mejor calidad, la mejor póliza de seguros, el piano más espectacular, el software más profesional. Pero nuestros clientes no están comprando lo que estamos vendiendo.

¿No me creen?

¿Qué porcentaje de gente en el mundo diría que McDonalds vende la mejor hamburguesa? Probablemente nadie. Sin embargo, ellos venden miles de millones de dólares porque todo el mundo sabe que cualquier restaurante de McDonalds en el planeta va a producir la misma hamburguesa. No es la mejor, pero es la misma todas las veces—confiable, consistente, y promedio. Se dice que Ray Kroc, el creador de la franquicia (no del restaurante), teanía esta frase colgada en su oficina, "En busca de la hamburguesa más eficiente en el mundo." No la mejor hamburguesa. Y ese es el punto. No compramos calidad cuando vamos a McDonalds, compramos consistencia.

Una vez, un agente de bien raíz le regaló un paquete vacacional de un fin de semana a un amigo que le refirió un negocio de una casa lujosa. Este amigo le contó a otro amigo, quien también le refirió una casa al agente. Esta vez, el agente le dió a la persona que lo refirió un certificado para una tienda de cadena muy sofisticada. El segundo amigo se sintió defraudado. Aunque ambos regalos le costaron lo mismo al agente, la segunda persona estaba esperando la misma experiencia que la primera—un paquete de vacaciones. La consistencia es esencial.

Como empresarios debemos tener procesos establecidos para crear una experiencia consistente para cada cliente, todas las veces. Es mejor dejar de perfeccionar el producto y poner nuestras energías en crear una experiencia consistente para el cliente. El empresario que hace las mejores sillas no es el que tiene los seguidores más leales. Es aquel que "fabrica" la mejor y más consistente experiencia para el cliente.

Podemos hacer una silla maravillosa pero tiene que ser igual de buena siempre.

Uno de los mayores obstáculos para las empresas pequeñas es sacar los procesos de la cabeza del dueño, tenerlos por escrito, y luego administrarlos. He ahí el mapeo de procesos. Es una de las mejores formas de moverse de la etapa 4 (Estabilidad) a la etapa 5 (Éxito) y más allá. Este mapeo de procesos puede salvar a cualquier empresa de la quiebra.

ELEMENTO CUATRO—ADMINISTRACIÓN FINANCIERA

Un vendedor de salchichas las compra por $1.00 y las vende por $0.95. Pero dice que no le preocupa porque la ganancia la hace en el volumen. Ummm.

Jennie Simms tenía un evento de planeación de eventos que generaba $55,000 dólares por mes en promedio. Ella me pidió que la ayudara con la planeación estratégica para el futuro de la empresa, pero nos dimos cuenta que lo que realmente necesitaba era un análisis estratégico para sus finanzas pasadas. Resulta que estaba usando la misma estrategia del vendedor de salchichas. Sus ingresos eran menores que los costos casi todos los meses, pero a ella no le molestaba porque después de todo, Amazon.com no tuvo ganancias por años y la mayoría de las empresas se endeudan hasta que eventualmente generan ganacias.

Ella pensaba que el hecho que los ingresos habían subido 50 por ciento con respecto al año anterior, confirmaba que estaba haciendo las cosas bien. Tres meses más tarde tuvo que cerrar la empresa, pues se había metido en un hueco tan profundo que ninguno de sus acreedores tenía la paciencia para esperar más tiempo.

La administración financiera es un elemento vital de los negocios, pero muy pocos empresarios son buenos en esto. Los números no son sólo para sumar, sino que también cuentan historias. Los números son el idioma de los negocios y muy pocos hablan "numerés." Debemos saber qué historia cuentan nuestros números. No podemos ignorar el cuarto elemento.

El mejor libro en el tema, que es comprensible, es *Inteligencia Financiera para Empresarios* (hay varias versiones en inglés) por Berman, Knight, y Case. ***Los indicadores adelantados y rezagados son los números más importantes***. Además de tener un entendimiento fundamental de ingresos, ganancias, pérdidas y flujo de dinero, la administración financiera más importante que podemos implementar es tener indicadores adelantados y rezagados de éxito.

No nos bajaremos de la caminadora vendiendo más cosas. Nos bajamos de la caminadora incrementando nuestro rendimiento por hora—haciendo más dinero en menos tiempo. Para hacer eso hay de 2 a 4 números que tenemos que rastrear religiosamente: Uno o dos indicadores rezagados, y uno o dos indicadores adelantados.

Indicadores rezagados de éxito

Dave Thomas, el fundador de las hamburguesas Wendy's, sólo quería que le dieran reportes acerca de cuántos panes se vendieron. Sólo necesitaba este número porque se había tomado el tiempo para descubrir qué número era el mejor indicador del desempeño durante el pasado. A partir de ese número, él podía decir exactamente cuántas ganancias se generaron por cada pan, cuántas hamburguesas y sánduches de pollo se vendieron. Todo estaba resumido en el número de panes vendidos.

Un número como ese es un indicador rezagado de éxito. Mira a las cosas que ya han ocurrido y nos dicen cuál fue el rendimiento en el pasado.

Indicadores adelantados de éxito

Usamos los indicadores rezagados de éxito para obtener indicadores adelantados de éxito. Los indicadores rezagados (por ejemplo, la tasa de contactos a conversaciones de compra y la tasa de conversaciones a ventas) nos dicen qué hacer exactamente para avanzar. Si mis indicadores rezagados me dicen que necesito contactar a diez personas para tener cuatro conversaciones de compra para retener un cliente nuevo (indicadores rezagados), puedo usar esos números para crear un indicador adelantado de éxito.

Supongamos que quiero cuatro clientes nuevos al mes— estos indicadores rezagados me dicen que necesito 16 conversaciones de compra al mes. Para que esto pase, debo contactar 40 personas durante el mes. Entonces mi indicador adelantado de éxito será 10 contactos y cuatro citas para tomar café por semana. Mis indicadores rezagados me dicen con confianza que si hago eso, voy a estar bien.

Cuando comencé uno de mis negocios, mi esposa Diane me preguntaba cómo se veía el mes siguiente. Mi mejor idicador adelantado de éxito era "número de cafés" con empresarios. Si ya tenía programadas cuatro citas por semana, sabía que iba a cumplir con mis metas de crecimiento. Era así de sencillo.

Esto suena más como un proceso de ventas que como administración financiera, pero ese es uno de los errores más grandes de los empresarios—rastrear los números erróneos.

La principal función de la administración financiera es saber exactamente cuánto dinero hay que generar para pagar las cuentas y crecer—¿cuál es el punto donde no hay pérdidas y cómo genero ganancias? Enfatizo los indicadores rezagados y adelantados porque la mayoría de contadores son buenos diciendo cuándo llegamos al punto de supervivencia, pero casi ninguno sabe cómo ayudar al empresario a manejar sus finanzas para crecer exitosamente. *La verdadera administración financiera comienza con saber exactamente cómo generar los números necesarios para el éxito.* Más de tres o cuatro números para rastrear ya son muchos. Yo tengo dos indicadores rezagados y uno adelantado y eso es suficiente. Más allá de eso, con excepciones, estamos jugando a la oficina.

Su rendimiento por hora

Una buena administración financiera también comienza con entender muy bien nuestro estilo de vida ideal (el cual discutiremos en el siguiente capítulo). La mayoría de empresarios no se da cuenta de eso. Simplemente aplica la estrategia de negocios de dejar todo al azar con la "esperanza de hacer mucho dinero." He aquí una mejor herramienta de administración finaciera para determinar nuestro ingreso:

El estilo de vida depende de cuánto dinero hace la empresa y cuánto tiempo libre le queda al empresario después de trabajar. Se trata del rendimiento por hora (RPH). Primero hay que descubrir el estilo de vida ideal para saber el rendimiento por hora que se necesita.

¿Cuál es la tarifa por hora DESEADA?

¿Ingreso anual (costo del estilo de vida)? (A)   ($125,000)
¿Cuántas semanas por año quiero trabajar? (B)   48
¿Cuántas horas por semana quiero trabajar? (C)   35

**A / (BxC) = tarifa por hora DESEADA—en este caso,
1.680 horas por año o $74,40 dólares por hora**

Con esta información podemos mirar a nuestras actividades y ver cuáles están por debajo de nuestro nivel de salario. Esto es parte del capítulo de Mapeo de Procesos y muchos se asombran de ver todo lo que están haciendo que mantiene su RPH bajo. La idea es eliminar algunas de las tareas o transferirlas a otros que lo hacen mejor mientras nos enfocamos en nuestras fortalezas.

Fijando precios

Fijar precios es una parte fundamental de la administración financiera. Nunca debemos fijar precios con base en el pasado, el miedo, los sentimientos, "mi experiencia," sueños, hambre, la situación con los clientes o las finanzas, conveniencia, o un "análisis subjetivo."

He aquí unos consejos para fijar precios correctamente:

1. *Costo*—Esto es lo que cuesta producir el producto o servicio antes de cualquier ganancia. Si no sabemos el costo de producción para cada uno de los productos o servicios, no vamos a hacer dinero. Debemos obtener ayuda con esto si es necesario porque es vital. Algunos negocios usan un modelo para fijar precios llamado precio de coste

más beneficio donde se añade un margen de ganancia al costo actual. Esto es necesario sólo para productos de alta demanda, e incluso en ese caso hay que encontrar una manera de añadir valor a los productos y servicios para no tener que estar jugando con los costos.

Una nota acerca del aumento de precios y el margen—una vez sabemos el costo, podemos añadir el sobreprecio. El sobreprecio y el margen son cosas muy diferentes. Si al costo de $1.00 le aumentamos el 50 por ciento, el precio es $1.50, pero el margen de ganancia es sólo 33 por ciento ($1.00 dividido por $1.50). Un sobreprecio del 50 por ciento suena muy bien hasta que nos damos cuenta que el margen es del 33 por ciento. No confundamos los dos.

2. *Calidad*—Nunca usemos sólo el modelo de coste más beneficio si lo podemos evitar. Miremos qué piensa el mercado de nuestro producto. Puede ser que lo ven como algo lujoso pero cobramos muy poco. En algunos casos, podemos crear una imagen de que el producto es de mayor calidad sólo haciéndolo más caro que los demás.

3. *Experiencia*—Si la gente nos percibe a nosotros o al producto como un líder en la industria, podemos cobrar extra.

4. *Percepción del cliente (demanda del mercado)*—Cosas como conveniencia, moda, nicho y otras pueden hacer que nuestro producto se venda a un precio más alto.

5. *Escasez/competencia*—¿Es lo que hacemos único o el mercado está saturado? Eso va a impactar el precio.

6. *Pago por labor peligrosa*—Convirtamos los clientes que son de poca ganancia y alto mantenimiento en clientes de alta ganancia y alto mantenimiento, o despidámoslos. No vale la pena que arruinen nuestro RPH.

7. *¿Qué tan ocupado estoy?*—¡Si estamos ocupados entre el 90 y el 95 por ciento, incrementemos los precios!

8. *Tiempo/complejidad*—Si los clientes piden algo fuera de lo normal, se les debe cobrar mucho más. Ignorar esta regla es entrenar a los clientes para que abusen de nosotros.

9. *Historia*—¿Estamos estancados con los precios pasados? Usemos la lista anterior con nuevos clientes para salirnos de ese pasado. Hay que ser valientes y subir los precios.

Hay muchos factores relacionados con la fijación de precios y no sólo el tiempo que nos tomó crear el producto. Casi sin excepción, las compañías con las que trabajo tienen precios muy bajos. Se pueden subir hasta que se tenga una resistencia general, entonces sabremos que ese es el rango donde debemos cobrar.

ELEMENTO CINCO—SATISFACCIÓN DEL CLIENTE

He dictado conferencias sobre este tema y siempre le pregunto a la audiencia, "¿Cuántos de ustedes han escrito procesos de operaciones de algún tipo?" La mayoría de manos se levanta. "¿Cuántos han escrito un plan de mercadeo?" La mitad levanta la mano. "¿Cuántos han escrito un plan de satisfacción del cliente que estén usando?" Si hay cinco de cada 100, es mucho.

Casi nadie tiene un proceso para este elemento tan importante de un negocio. Casi todas las empresas obtienen la gran mayoría de clientes futuros de sus clientes actuales o pasados, pero si miramos a sus presupuestos de mercadeo, el dinero se gasta en publicidad impersonal (TV, radio, impresos), mercadeo directo (correo, telemarketing, correo electrónico) o, un poco mejor, relaciones públicas (eventos, artículos).

No hay nada malo con la publicidad pero la mayoría de empresas pequeñas deberían invertir gran parte de su presupuesto en crear relaciones con clientes actuales y pasados hasta que tengan un presupuesto tan grande que puedan gastar en publicidad mercadeo directo. La rentabilidad sobre la inversión no está ahí para una empresa pequeña que gaste sólo unos miles de dólares al año.

La satisfacción de los clientes es tan importante que luego en el libro hablaremos de cómo desarrollar un proceso para esto. Es simplemente la mejor forma de asegurarse que tengamos un torrente contínuo de clientes potenciales tocando nuestra puerta.

ELEMENTO SEIS—SATISFACCIÓN DEL EMPLEADO

Hace muchos años tenía un trabajo en una compañía pequeña que generaba $8 millones de dólares al año cuando llegué y $32 millones cinco años después cuando salí. Aparentaba ser un lugar estupendo, pero en realidad era un árbol grande que se había podrido en su interior y que sólo faltaba un viento fuerte para que lo derribara. Cundo llegué tenía 310 empleados, y luego de cinco años yo era el quinceavo empleado con más tiempo en la compañía. La tasa de reemplazos era del 63 por ciento (el director de recursos humanos era mi amigo y me lo dijo). Eso significa que perdían el 126 por ciento de sus empleados cada dos años.

Yo dejé la compañía porque el presidente dijo delante de mí que muchas personas altamente calificadas habían renunciado pensando que eran muy importantes, pero que "pudimos reemplazarlos sin ningún problema." Había mucha arrogancia en ese lugar, se creían invencibles. A los empleados se les daba las herramientas mínimas para hacer su trabajo y cuando uno se iba, simplemente se conseguía a otro.

Dos años después de mi partida, los ingresos de la compañía habían bajado a $10 millones al año y no era nada de lo que solía ser. Y a propósito, la satisfacción del cliente era uno de los principios más importantes de la empresa. Pero se habían olvidado de los empleados.

La moraleja de esta historia es que la forma en que tratemos a nuestros empleados es la forma en que ellos van a tratar a nuestros clientes. Si estamos recibiendo quejas de nuestros clientes, no miremos primero a nuestros empleados, sino a la forma en que tratamos a nuestros empleados. Probablemente hay algo ahí que podemos arreglar y que va a ayudar a que ellos traten bien a los clientes también. Hablaremos de esto más adelante.

ELEMENTO SIETE—COMUNIDAD, FAMILIA, PERSONAL

¿Cómo beneficia nuestra empresa al mundo a nuestro alrededor? Como ya lo he dicho, la razón principal para tener una Fecha de Madurez Empresarial es para enfocarme en tener una vida de significado. Como tal, el objetivo de este libro es llevar al lector, por lo menos, hasta la etapa 6 (Significado).

Hace unos años, cuando dejé de crecer mis propios negocios y empecé a ayudar a otros empresarios, conocí a Jim Drason, el dueño de una compañía de alarmas para incendios residenciales. Le daba unos $20 millones de dólares al año pero Jim estaba aburridísimo. Me dijo, "No estoy seguro para qué sigo viniendo al trabajo, excepto porque no tengo nada más que hacer. Aquí no me necesitan."

Habalmos por un rato y descubrí que Jim amaba la música y tocaba en una banda local. Mencionó que había pensado en algún día hacer algo para ayudar a los niños de los barrios necesitados a través de la música puesto que no había nada de enseñanza musical en las escuelas. Su idea inicial era que necesitaría $500.000 para hacerlo, pero luego de hablar por un par de horas, llegamos a $5 millones. Ahora tenía una nueva razón para construir su negocio porque tenía que llevarlo a $30 millones para tener las ganancias suficientes para su nueva fundación. Jim descubrió que su empresa no existía para hacer dinero, sino para crear significado para él, sus empleados, y la comunidad a su alrededor. Fue divertido verlo planear todo con una nueva pasión y energía.

EN RESUMEN—CONOZCA SUS ELEMENTOS

La clave es saber en cuáles elementos sobresalimos, y cómo hacemos que otros cubran los elementos que no disfrutamos.

Al principio puede que tengamos que cubrir todos los siete elementos nosotros mismos, pero el saber nuestras fortalezas y debilidades nos va a ayudar a bajarnos de la caminadora más rápido y poner a otros a hacer las cosas que no hacemos tan bien.

CONSIGA OJOS EXTERNOS PARA EL NEGOCIO

Podemos tener una buena idea de cuáles elementos son fuertes en nuestras empresas con sólo mirar la lista, pero es mejor preguntarle a otras personas fuera de la empresa que conozcan bien el negocio. Ellos van a ver la empresa objetivamente; nosotros la vemos emocionalmente (es nuestro bebé, ¿no?). Aunque ellos no conocen la empresa tan bien como nosotros, ellos pueden ver qué estamos haciendo bien o mal de una manera que nosotros no lo notamos.

LOS SISTEMAS Y LOS PROCESOS SON LA CLAVE

Los siete elementos requieren procesos que nos permiten tener una experiencia consistente con los clientes, procesos confiables para los empleados, y una base estable para crecer con ganancias.

LA REGLA ES MANTENERLO SENCILLO

Si no podemos explicar nuestro sistema para cada uno de los siete elementos entre 30 y 120 segundos, es probable que nunca los usemos. Los sistemas y procesos no son libros gruesos que se dejan en un escritorio. Deben ser una serie de pasos sencillos, eficientes y probados con el tiempo, que todos en la compañía deben saber y aplicar todos los días. Para la mayoría de las empresas, el manual completo de sistemas con los siete elementos no debe tener más de unas cuantas páginas.

Cuando hacemos que estos siete elementos trabajen para

nosotros vamos a recuperar la pasión de ser empresarios y nos vamos a bajar de la caminadora.

Recordemos que los cuatro bloques de construcción y los siete elementos de un negocio son cosas que existen sin importar si les prestamos atención o no. Los mejores empresarios les prestan mucho cuidado y los usan para madurar sus empresas. En los siguientes capítulos explicaremos las herramientas necesarias para usar estos bloques y elementos para construir una empresa madura que haga dinero mientras estamos de vacaciones.

La pregunta más importante en los negocios

6

Si usted no tiene un plan para su vida, se convertirá en parte del plan de otra persona.

—JOHN HEENAN

LO QUE UN ANCIANO ME DIJO QUE CAMBIÓ MI VIDA

Cuando estaba empezando, un viejo (es broma, pues tenía mi edad ahora, en sus 50s) me dijo que la vida tenía un problema interno: "Chuck, tienes que darte cuenta de esto. Cuando eres joven, tienes todo el tiempo y toda la energía para disfrutar la vida, pero nada de dinero. Cuando estás en tus años de madurez, vas a tener todo el dinero y toda la energía, pero nada de tiempo. Y cuando te jubilas, vas a tener todo el dinero y todo el tiempo, pero nada de energía."

Luego dijo algo muy profundo: "La clave para tener una vida con el mayor significado es encontrar la manera de tener las tres a la vez—nuestro impacto en el mundo será mayor si descubrimos cómo."

Las metas de vida han sido fundamentales para mi en esto de resolver el enigma del tiempo, el dinero y la energía, y cómo usar mi negocio para resolverlo.

EL GRAN PORQUÉ

Como empresarios responsables, invertimos bastante tiempo respondiendo las preguntas del "qué": ¿Qué voy a vender? ¿Qué precio le voy a poner? ¿Qué clase de mercadeo debo hacer? Las preguntas del "cómo" también nos intrigan: ¿Cómo voy a encontrar clientes? ¿Cómo pagaré las cuentas este mes? E incluso no nos molestan el "quién" o el "dónde": ¿Quién es mi cliente ideal y dónde me ubico, promociono, y hago contactos?

Puede ser hasta divertido hacerse todas estas preguntas porque son pura teoría—bien puedo responderlas todas brillantemente y no hacer absolutamente nada, paralizado en mi lugar pero sintiendo que he progresado bastante. El problema es que estamos jugando a la oficina otra vez, haciendo las cosas complejas (pero fáciles) que nos hacen sentir importantes y nos ayudan a impresionar a otros y a nosotros mismos.

La pregunta más grande e importante en los negocios, la que nos va ayudar a resolver el enigma del tiempo/dinero/energía, la que va a determinar nuestro éxito, es:

"¿Por qué?"

CLARIDA, ESPERANZA Y RIESGO

"Por qué" es la pregunta más importante en los negocios, desde la decisión más pequeña hasta la más grande. Si estamos comprando una fotocopiadora, debemos preguntarnos "por qué". Y si estamos creciendo una empresa, "por qué" es la primera pregunta y la más relevante, en la que se encuentran respuestas a todas las demás preguntas. "Por qué" nos da la visión—¿Por qué estamos haciendo esto? Así se piensa en las etapas 5 (Éxito), 6 (Siginificado) y 7 (Sucesión). La gente que tiene una visión clara de hacia donde va ("¿Por qué estoy haciendo esto?") tiene una mayor probabilidad de llegar allá. El responder "por qué" nos da claridad, la claridad nos da esperanza, y la esperanza mitiga el riesgo y nos hace tomar acciones que de otra manera no tomaríamos.

"Por qué" es la pregunta que nos dará dirección como ninguna otra pregunta. Y aún así, no la hacemos a menudo. ¿Por qué? Buena pregunta. No preguntamos "por qué" porque la pregunta parece muy etérea y poco relacionada con los negocios. Y aunque puede ser una pregunta difícil de responder, estaremos condenados a la caminadora si no lo intentamos, saltando entre las etapas 2 y 4 por 30 años antes de vender nuestro trabajo al próximo que quiera ser dueño de un trabajo.

Puesto que "por qué" es etéreo, toma trabajo responderlo y a veces no queremos tomar todo el esfuerzo de responder una pregunta que no hace dinero hoy. Pero hacer dinero está matando nuestro negocio. "Por qué" es una pregunta de la prioridad de lo importante y estamos muy ocupados con las preguntas de la tiranía de lo urgente. Y lo diré de nuevo, los logros vienen de la intención, y aquellos que tienen una buena respuesta para "¿Por qué estoy haciendo esto?" tienen una mayor probabilidad de construir una empresa madura en tres a cinco años.

LAS VACACIONES Y EL GRAN PORQUÉ

Las metas de vida traen claridad al responder por qué a nivel macro en los negocios: Es el Gran Porqué. Es la misma claridad que obtenemos antes de irnos de vacaciones, pero a un nivel mayor.

¿Nos iríamos de vacaciones sin saber para dónde vamos? No tendría sentido empacar trajes de baño y sin quererlo terminar en un centro de esquí. O llenar el auto con el equipo de golf y llegar a un puerto junto al mar. O comenzar a empacar sin tener idea de cuándo hay que estar allá. ¿Qué tal si es seis meses después? ¿Qué tal si era ayer?

Por supuesto que suena ridículo—nadie haría esto. Nos pasamos horas, a veces semanas, planeando unas vacaciones de dos semanas. Yo estudié español por seis meses antes de ir por dos semanas a España. Estudiaba en el auto y en los descansos del trabajo. Perseguía a mis pobres hijos (ellos sabían español y me tenían que aguantar). Estaba muy enfocado en mis planes para esas vacaciones.

¿Qué tanto tiempo y esfuerzo nos tomamos para planear cómo nuestro negocio va a afectar el resto de nuestras vidas? No mucho. Aunque suena absurdo, lo que hacemos por años es tirar cosas en el "auto" de nuestro negocio—esquíes, trajes de baño, botas de montaña, esmoquin, guantes, sandalias— yendo en cada dirección imaginable e intentando todo lo posible, sin una meta bien clara en mente. Nadie planearía unas vacaciones de esta manera, ¿pero nos parece bien hacerlo así en los negocios?

Así que los empresarios que deciden encontrar su Gran Porqué y responder a la pregunta de su razón para ser empresarios, reciben mis felicitaciones. No planeemos sólo vacaciones sino también el resto de nuestras vidas, y seamos de los pocos que aprenden cómo usar sus negocios y empresas para alcanzar sus metas de vida.

TRES PRINCIPIOS FUNDAMENTALES PARA DESARROLLAR METAS DE VIDA

Hay tres cosas muy importantes que tenemos que clarificar antes de empezar a desarrollar nuestras metas de vida.

*Primer principio—**Hacer dinero no es una visión vigorizante.***

Nunca he conocido a nadie motivado únicamente por hacer dinero. Incluso en los casos que parecía ser así, se hizo obvio que la persona estaba motivada por el juego de los negocios, el reto de construir algo, y el dinero era sólo una medida de qué tan bien jugaba el juego.

Los atletas que ganan $10.3 millones de dólares al año no pelean por el contrato de $10.9 millones porque estén motivados por $600.000 más. Lo hacen porque los $10.9 los convierten en los mejores pagos en su posición y por ende "prueban" que son los mejores.

Alguien que piensa que está motivado por dinero, se le va a hacer muy difícil pasar por los bajones de su negocio. Pero si tiene un Gran Porqué, algo que el negocio le ayudará a alcanzar, es más probable que supere los momentos difíciles.

*Segundo principio—**Una meta alcanzada ya no es motivante.***

Cuando era niño llevaba mi radio transistor a la playa, pues era genial escuchar música bajo el sol. Unos años después me dieron una radiocasetera portátil—mucho mejor. En la secundaria, tenía otra con bafles removibles, casi como un equipo de sonido estéreo. Seguí actualizando mi equipo de sonido hasta que hace unos años, habiendo ya pasado por el home theater y el surround sound, me ví en una tienda mirando unos bafles de $8.000 dólares cada uno. Habían otros del mismo fabricante que valían $125.000. Afortunadamente, me acosté un rato y se me pasaron las ganas de comprarlos.

El punto es que cada vez que alcanzaba mi meta de comprar cualquiera que fuera el equipo de sonido en mi lista, ya estaba pensando en el siguiente que era más grande y mejor. Apenas alcanzamos la primera meta, ya estamos pensando en la siguiente. El gozo está en la búsqueda, no en la adquisición. Una meta realizada ya no es motivante.

¿Entonces nunca deberíamos tener metas? No se trata de eso, pero sí debemos escoger metas que nunca se puedan marcar como completadas.

Tercer principio—**Fuimos creados para hacer algo significativo.**
No estoy diciendo que todos fuimos hechos para salir en la tele, ser presidente, o inventar una cura para el cáncer. Esa es una visión distorsionada de lo significativo. Un hombre puede pasar su vida humildemente trabajando en su negocio y siendo un gozo para aquellos a su alrededor, sin que nosotros entendamos la magnitud del significado que esa persona le ha dado al mundo.

Lo que estoy diciendo es que todos fuimos creados para ser y hacer algo significativo, lo que sea que eso signifique para cada uno. Como me dijo mi amigo irlandés, John Heenan, "Chuck, Dios no hace basura, y Él no te creó para ser un fracaso." No, fuimos hechos para tener éxito en traer significado al mundo, ya sea el mundo de una comunidad pequeña o el mundo global. Y nuestras metas de vida no deben ser inalcanzables, simplemente continuas—simpre retándonos a hacer más.

Si fui hecho para hacer algo significativo, entonces necesito saber muy bien lo que eso implica. Debo tomar el tiempo necesario para crear una narrativa para mi mismo que inspire mi corazón y me haga salir de la cama en la mañana. Necesito la voluntad para ser exitoso que viene de tener claridad sobre el propósito de mi vida.

Así que hacer dinero no es una visión vigorizante, una meta realizada ya no es motivante, y fui creado para hacer algo significativo con mi vida. Estas tres cosas me llevan a encontrar mis metas de vida, y usar mi negocio para ayudarme a alcanzarlas. Estos tres principios también desacreditan la idea que es relativamente nueva en la historia de la humanidad—la jubilación.

EL RETIRO ES UNA IDEA ANTICUADA DE LA ERA INDUSTRIAL

La jubilación es una idea bastante mala y anticuada que nos ha quedado de la era industrial y tenemos que lidiar con ella para entender por qué debemos reemplazar ese concepto con las metas de vida. Creo que la idea del retiro vino con la llegada de las grandes empresas centralizadas. No fue una conspiración, sino que parecía ser una buena idea desde aquella perspectiva—tomen mis mejores 30 o 40 años y déjenme sólo los años menos productivos. Es una versión diferente de la Regla de Oro: "Los que tienen el oro hacen las reglas."

¿Qué hay de malo con el retiro? Tres elementos críticos:

1. El retiro es una meta realizada, y sabemos que una vez una meta es realizada, descubrimos que no es lo que nos habían prometido. Un estudio en el *British Medical Journal* encontró que aquellos "que se retiraron temprano a los 55 y que seguían vivos a los 65 tenían una mortalidad significativamente más alta que los que se retiraron a los 65."* Retirarse temprano de hecho afecta la expectativa de vida. Ya no tenían motivación ni razón para vivir.

2. El concepto mismo del retiro nos enseña a aplazar el hacer algo significativo con nuestras vidas. Lo escuché cientos de veces de gente que piensa así, "Cuando me retire voy a...[llene el espacio.]" Qué manera tan tonta de vivir—siempre esperando un tiempo futuro cuando se pueda tener la libertad de hacer algo con su vida.

3. ¿Se supone que debo esperar hasta los 65 años para disfrutar la vida? El mensaje aquí es que el trabajo duro y el placer no se mezclan. Se supone que debemos tener dos vidas—una en el trabajo y otra significativa—y que la manera ideal de hacerlo es vivir la del trabajo primero y confiar en que tendremos el tiempo y la energía que nos quede para vivir con significado después.

---

*[BMJ 2005;331:995 (Octubre 29), doi:10.1136/bmj.38586.448704.E0 (publicado octubre 21, 2005) "Age at retirement and long term survival of an industrial population: prospective cohort study." Shan P Tsai, Judy K Wendt, Robin P Donnelly, Geert de Jong, Farah S Ahmed.]

HAGAMOS NUESTRAS PROPIAS REGLAS— REEMPLACEMOS EL RETIRO CON METAS DE VIDA

El que hace las reglas gana. Y yo he decidido jugar con mis reglas, no con las de ellos. Estoy cambiando las reglas. La jubilación es una mala idea. En vez de eso voy a perseguir metas de vida, porque no tengo el tiempo para esperar a tener 65 para empezar a vivirlas. Puedo comenzar en mis 20s e incrementar continuamente el tiempo, dinero y energía que invierto en vivir esas metas hasta que llegue a mi estilo de vida ideal.

No digo que haya que trabajar hasta los 95. Algunas personas venden su empresa cuando tienen 35 y nunca regresan a un empleo tradicional. Pero si no tenemos metas de vida para reemplazar ese empleo, no seremos felices—fuimos creados para hacer algo significativo, y no sólo por un periodo corto de tiempo, sino por toda nuestra vida. Es por eso que el retiro es una mala idea. Si decidimos no trabajar, está bien, pero debemos poner nuestras manos en algo que cree significado tanto para nosotros como para el mundo a nuestro alrededor. Vivamos con significado.

Recordemos que la prosperidad es la libertad y habilidad de escoger qué hacer con nuestro tiempo. El juego de la jubilación dice que no somos libres hasta que nos retiremos. Que tontería. Hay que dejar de vivir para un futuro que nunca llega. Que no nos pase que cuando muramos, otros digan, "Qué pesar que no pudo disfrutar de su jubilación."

Las metas de vida nos dan algo para disfrutar y encontrar significado hoy y por el resto de nuestras vidas. La vida debe ser satisfactoria y recompensante hoy.

CÓMO USAR TIEMPO, DINERO Y ENERGÍA PARA CREAR SIGNIFICADO

Una verdadera meta de vida nunca debe acabarse—siempre habrá algo más que podamos hacer para que sea mejor, más completa. Cualquier meta que pueda ser marcada como completa no es una meta de vida. Ese sueño de tener una casa lujosa con lago y su propio campo de golf no es una meta de vida porque puede alcanzarse y no va a seguir siendo motivante. Hay que tener una razón más grande para tener esa casa que simplemente tenerla. ¿Para qué la usaríamos? ¿Cómo podría usarse para traer éxito y significado para nosotros y el mundo a nuestro alrededor? Si tenemos una buena respuesta para esas preguntas, tendremos una muy buena razón para tener esa casa.

La mentira que nos han vendido es que la acumulación de objetos lujosos es una meta de vida. "La meta de mi vida es tener $5 millones de dólares en el banco, un Mercedes, una casa de 600 metros cuadrados, y un yate." No es así. Recordemos que los tres principios de una meta de vida son:

1. Hacer dinero no es una visión vigorizante,
2. Una meta realizada ya no es motivante, y
3. Fuimos creados para hacer algo significativo.

Una persona que al comienzo está motivada por tener objetos lujosos va a terminar decepcionada si no tiene un Gran Porqué para tenerlos. El dicho de los 80s, "El que muere con más juguetes gana" es mentira. Es el que vive con las metas de vida más motivantes el que gana.

SU ESTILO DE VIDA IDEAL EXISTE PARA APOYAR SUS METAS DE VIDA

He mencionado tanto las "metas de vida" como el "estilo de vida ideal". Hay una diferencia sencilla y significativa entre los dos: El estilo de vida ideal existe para apoyar las metas de vida. El tiempo, dinero y energía que amasemos (la base del estilo de vida ideal), existe simplemente como un recurso para vivir las metas de vida.

RAÍZ Y FRUTO

Alguna gente piensa que no es noble tener un estilo de vida ideal—que sería muy materialista pensar así. Yo pensé así por mucho tiempo. Luego John Heenan me dijo, "Chuck, tu problema es que estás dando de tu raíz y no de tu fruto. ¿Cómo esperas seguir dando si lo haces de esa manera? Se te van a acabar las raíces. Construye un buen sistema de raíces y así podrás dar más y por un periodo más largo de tu vida."

¿QUÉ SON LAS METAS DE VIDA?

Las metas de vida son acerca de éxito y significado, que son las etapas 5 y 6 de una empresa. Son actividades basadas en nuestros valores que nunca pueden acabarse. Las podemos hacer por el resto de nuestras vidas sin terminar nunca. Mientras tengamos vida y salud, podemos impactar el mundo con estas cosas. Siempre nos motivarán. Pero hay un aspecto más emocionante acerca de las metas de vida.

LAS METAS DE VIDA SE BASAN EN VALORES, EL ESTILO DE VIDA IDEAL SE BASA EN COSAS

Una mujer en sus 20s vino a uno de nuestros talleres sobre metas de vida convencida de que la meta de su vida era tener $5 millones en el banco y tener dos casas grandes, una en Denver y la otra en Orlando. Pero después del taller su idea cambió y su nueva meta era cuadruplicar el tamaño de su negocio y poner otra gente a cargo para poder vivir en la etapa 7 (Sucesión) y usar su compañía para impulsar la beneficencia contra el cáncer que tanto había ayudado a su mamá. Y se dio cuenta de que iba a necesitar más de $5 millones, pues su propósito y metas eran mucho más grandes.

Nos han enseñado a pensar en metas en términos de activos fijos y objetos lujosos. Consiga un auto, compre una casa, ahorre dinero, sea dueño de un negocio. Una mejor manera de pensar acerca de los objetos lujosos es usarlos para crear éxito y significado para nosotros y los que nos rodean.

No se construyen estatuas de aquellos que tenían el mayor número de bienes, sino de aquellos que han tenido el mayor impacto. Si logramos formular un Gran Porqué para manejar nuestra empresa, tendremos una imagen clara de lo que debemos hacer con ella no sólo para disfrutar la vida, sino para tener una vida que valga la pena, con significado.

He aquí otra manera de verlo. Las metas de vida son éxito y significado expresados en valores y convicciones. El estilo de vida ideal son los activos fijos, el tiempo, el dinero, y la energía que van a mantener esas metas de vida. ¿Qué valores describen mi vida? Esa pregunta nos dice qué necesitamos para mantener esos valores. A veces lo hacemos al revés. Tratamos de conseguir cosas y luego intentamos usarlas para añadir significado a nuestras vidas. Si buscamos el significado primero, podemos enfocarnos mejor en consegir las cosas adecuadas para apoyar el significado.

En resumen, si tenemos suficiente tiempo, dinero y activos (el estilo de vida ideal), vamos a tener la prosperidad (libertad) para vivir nuestras metas de vida al máximo.

Metas de Vida	Estilo de Vida Ideal
ÉXITO, SIGNIFICADO	TIEMPO, DINERO, ENERGÍA
Actividades basadas en valores, metas y principios	Las cosas que existen para financiar las metas de vida

YA LAS ESTÁ VIVIENDO

- ¿Está usted pintando, escribiendo, o siendo voluntario en una organización o beneficencia?
- ¿Quiere viajar por el resto de su vida? ¿Ha viajado ya?
- ¿Quisiera ayudar a otros a tener una mejor calidad de vida? ¿Está haciendo ya algo en ese sentido?
- ¿Quisiera ser un experto mundial en pájaros? ¿Es ya un aficionado a los pájaros?

Todas estas son cosas que no se pueden marcar como terminadas. Las metas de vida son emocionantes porque no tenemos que esperar hasta el retiro para vivirlas. Ni siquiera tenemos que esperar a alcanzar nuestro estilo de vida ideal.

Ya estamos involucrados en muchas sino todas nuestras metas de vida. La pregunta entonces es, "¿Cuándo le podré enfocar toda mi atención a mis metas de vida?" Para responder esa pregunta, tenemos que hacer otra, "¿Cuál es el estilo de vida ideal que me llevará a mis metas de vida?"

Si usted le dedica dos horas a la semana a su beneficencia favorita y sólo le puede donar $50 dólares al mes, ¿le gustaría poder dedicarle 20 horas a la semana y dar $5.000 al mes? Si usted sólo puede viajar una o dos semanas al año, ¿le gustaría viajar tres meses del año?

El estilo de vida ideal es esa situación específica y única que nos da prosperidad—la libertad y habilidad de escoger qué hacer con nuestro tiempo. El estilo de vida ideal nos posiciona para escoger cómo crear significado en el mundo.

Ahora que tenemos un entendimiento claro de lo que son las metas de vida y lo que es el estilo de vida ideal, trabajemos en definir lo que estas dos serán para cada uno de nosotros.

ENCONTRANDO LAS ISLAS BERMUDAS

Vamos a usar la analogía de un bote. Supongamos que queremos navegar en un velero desde la ciudad de Norfolk, Virginia (Estados Unidos) hasta la isla Saint George, en las Bermudas. ¿Qué es lo primero que debemos saber para llegar allá? ¡Exactamente! Si no sabemos dónde quedan las Islas Bermudas, no podremos saber para dónde vamos. Así que digamos que las Bermudas representan nuestras metas de vida. ¿Cuáles son nuestras "Islas Bermudas?"

Planee hacia atrás desde la meta

Una vez sepamos la latitud y la longitud de Saint George, ¿cuál es el siguiente paso en planear el viaje? La mayoría de la gente diría que debemos trazar la ruta desde Norfolk, pero no es así. Un marinero siempre comienza en el destino final y traza la ruta hacia atrás. ¿Por qué? Las Bermudas nos muestran el porqué. La isla grande de las Bermudas tiene 21 millas de largo y menos de 2 millas en su punto más ancho. La isla está a unas 570 millas de la costa de Carolina del Norte en posición oblicua, del sureste al noroeste. La ciudad de Saint George está en el extremo norte de la isla. Si venimos desde Norfolk, podría parecer razonable navegar hacia el sureste, en una línea directa al norte de la isla. Pero si hacemos eso, vamos a hundir el bote. Al este de las Bermudas, y extendiéndose hacia el norte, hay una serie de arrecifes que pueden hundir cualquier barco que venga desde el oeste. Y aunque el puerto de Saint George está en el lado oeste de la isla, la única forma de accesarlo es desde el sureste. Pero para llegar a salvo hasta ese punto, un bote tiene que navegar bastante lejos hacia el norte de las Bermudas para ir alrededor de los arrecifes y acercarse a la isla por el lado opuesto (este), navegar hacia el sur y finalmente girar hacia el noroeste en la bahía. La mejor manera de saber todo esto es planeando el viaje hacia atrás y pretender que estamos partiendo desde Saint George hacia Norfolk.

Es lo mismo si queremos establecer objetivos de una manera apropiada. Siempre debemos empezar la planeación con el fin en mente y trazar la ruta hacia el presente. Así no navegaremos en la dirección equivocada ni hundiremos el bote.

Esta analogía también nos ayuda al analizar cómo los marineros ven sus objetivos diarios. Puesto que las Bermudas están a 600 millas de Norfolk, y en un buen día un velero de 30 pies recorre 120 millas, un marinero estimaría cinco días para llegar allá y planearía cada día hacia atrás, desde las Bermudas hasta Norfolk. Cada uno de estos objetivos diarios se llama punto intermedio, un concepto que nos va a servir mucho para desarrollar nuestras metas de vida.

Así que levantamos el ancla en Norfolk el primer día y partimos hacia el primer punto intermedio, a unas 120 millas. Pero el viento cambia de dirección y la corriente no ayuda y una de las velas se rompe. El bote sólo anduvo 100 millas y está a 10 millas al sur de la mejor ruta. ¿Falló la tripulación? No. El punto intermedio del día uno es simplemente eso, un punto en el camino que que nos ayuda a saber cómo vamos en nuestro recorrido hacia el objetivo final. Ahora la tripulación debe tomar una decisión. ¿Quieren intentar navegar más rápido al día siguiente, o llegar a las Bermudas unas horas más tarde?

Al segundo día los vientos son perfectos, la marea colabora, y el bote se comporta excelentemente. La tripulación va más allá del punto intermedio del día 2, que era 240 millas, y logran recorrer 260 millas. ¿Es una victoria? No. Es simplemente otro punto intermedio que les ayuda a saber cómo van con respecto a su meta. Y tienen ahora otra decisión que tomar: dormir y relajarse o darle duro para llegar temprano a las Bermudas.

Los puntos intermedios son una excelente manera de ver todos los otros objetivos en el camino hacia nuestras metas de vida.

1. Nos ayudan a ver la victoria y la derrota como los impostores que son. No nos desanimamos pero tampoco nos confiamos demasiado. Nos seguimos moviendo porque no hemos hecho nada hasta que alcancemos nuestro estilo de vida ideal para apoyar nuestras metas de vida.

2. Nos ayudan a tener una visión balanceada de nuestras metas, al darnos cuenta que no debemos medir el éxito o el fracaso de acuerdo a dónde estamos en relación a un punto intermedio. Es sólo un punto en el camino hacia donde queremos llegar.

Sólo las metas de vida cuentan

La analogía del bote es grandiosa para mi porque me ayuda a poner el establecimiento de metas en perspectiva. Ya no tengo metas para nada excepto mis metas de vida. El resto de cosas son puntos intermedios (peldaños u objetivos) en el camino. No tengo metas para mi negocio, sólo objetivos (puntos intermedios). No puedo fallar en mis objetivos empresariales porque sólo son medios para alcanzar un fin. Si mi plan es que la empresa crezca un 20 por ciento en un año y sólo crece un 15 por ciento, no he fallado; simplemente tengo que tomar una decisión. ¿Quiero trabajar más duro el año siguiente, o simplemente voy a llegar a mis Bermudas unos meses más tarde de lo que había planeado?

Si planeo el mismo 20 por ciento para el año siguiente y crezco un 35 por ciento, ¿puedo cantar victoria? No. Sólo tengo que tomar una decisión—relajarme el año siguiente o seguir con el acelerador a toda y llegar antes a mis Bermudas.

Dejemos de pensar en metas a corto plazo. Enfoquémonos en las metas de vida y tengamos puntos intermedios para llegar allá. Estos van a ser como los viejos "objetivos anuales," pero nuestra perspectiva va a ser diferente, más motivante y liberadora. Así podremos perseguir los puntos intermedios sin preocupaciones, sabiendo que son simplemente indicadores de cómo voy en el camino hacia mi estilo de vida ideal.

CÓMO ESTABLECER METAS DE VIDA

La mejor forma de establecer metas de vida es hacerlo lo más rápido posible. No debe tomar más de cuatro horas, sino que dos o tres horas es suficiente. La razón por la que hacemos este proceso rápidamente es para forzarnos a prestar atención sólo a las cosas grandes. No es hora de analizar cada posibilidad, sino de escribir las grandes ideas.

Es como cuando yo era niño y miraba por la ventana del auto. A 80 km por hora todo era borroso. Algunas cosas eran obvias—una casa, la parte de abajo de un poste, una roca inmensa. Pero el resto era un manchón verde. No podía notar flores individuales o piedras pequeñas, sino que sólo lo grande era obvio.

COMENCEMOS

A medida que haga este ejercicio, imagine que está mirando hacia la carretera a 60 km por hora. Resista la tentación de pensarlo mucho. Escriba lo primero que viene a su cabeza sin analizar la viabilidad o relevancia. Luego lo vamos a repasar y corregir. Use un cronómetro en su teléfono, reloj o computadora para contar el tiempo.

Paso 1—Valores   (3 a 5 minutos)

Cada decisión que tomamos se basa en valores, consciente o inconscientemente. Así que la mejor manera de saber lo que es realmente importante para nosotros es saber bien qué valores nos motivan.

Lea la siguiente lista de palabras en tres a cuatro minutos y haga un círculo alrededor de las que mejor lo reflejen a usted, sus valores más importantes. Puede añadir otros valores que se le ocurran si estas sugerencias no son suficientes. Luego escoja los diez más importantes entre todos los que tiene un círculo:

éxito	libertad	placer
logro	flexibilidad	predictibilidad
avance	amistad	poder
aventura	crecimiento	privacidad
afecto	tener familia	servicio público
artes	ayudar a otros	pureza
autoridad	ayudar a la sociedad	participación
balance	armonía	tomar riesgos
calma	familia	liderar
retos	amistad	aprender
desafíos	honestidad	reconocimiento
cambio y variedad	independencia	religión
relaciones cercanas	influenciar a otros	reputación
comunidad	integridad	responsibilidad
capacidad	involucrarse	respeto
competencia	estatus intelectual	seguridad
conformidad	ser único	confianza
país	comodidad	auto respeto
creatividad	lugar	sofisticación
firmeza	lealtad	estabilidad
democracia	posición en el mercado	estatus
medio ambiente	trabajo significativo	supervisar a otros
seguridad económica	méritos	tiempo libre
efectividad	dinero	verdad
prácticas éticas	sinceridad	sabiduría
excelencia	orden	trabajo bajo presión
emoción	desarrollo personal	trabajar con otros
ser un experto	vida acelerada	trabajar solo
experiencia	ganancias financieras	trabajo intenso

Paso 1a—Clarificando valores (2 a 3 minutos)

Cuando termine, vuelva a leer su lista de diez y redúzcala a cinco. Si puede, tenga sólo entre tres y cinco valores en su lista. Este es un ejercicio muy importante para ayudarle a enfocarse en las cosas que serán metas de vida para usted y solamente para usted.

Paso 2—Lista de deseos y pensamientos sobre metas de vida (15 Minutos)

Usando los tres a cinco valores del paso 1, y la lista de palabras, frases e ideas a continuación, escriba cosas que usted quiere ser, hacer o tener en el transcurso de su vida, en una hoja o un archivo en blanco. Esta será una lista de deseos que nos servirá después.

Algunos de estos terminarán siendo las pocas cosas que describirán tanto sus metas de vida como su estilo de vida ideal. Pero todavía no sabemos cuales, así que escriba todo sin parar a analizar nada.

Si no tiene más qué escribir, revise de nuevo la lista de valores y la lista de palabras, frases e ideas abajo para generar más pensamientos. Siga sacando ideas sin pensar mucho en ellas. Si los 15 minutos se acaban y tiene más que escribir, tome un par de mintos más. Si termina antes, está bien, puede continuar con el paso que sigue.

Palabras para encontrar posibles metas de vida

Familia Trabajo Comunidad Causas Amigos Personal

Todo lo que pueda desear para mí, para la gente que quiero, para las causas que me importan.

Lo que quiero ser, hacer, tener.

Cosas, objetos, metas, ideales, aspiraciones, ambiciones, esperanzas, sentimientos, valores, virtudes, expectativas seguras, anhelos, antojos, deseos, condición que quiero se cumpla, limitaciones que quiero removidas, legados que quiero dejar, posesiones que quiero remover, circunstancias que quiero controlar, experiencias que quisiera haber tenido, logros que quisiera haber alcanzado, aficiones, juguetes que quiero tener, viajes que quiero hacer, mi salud personal, casa(s) que quiero tener, botes, beneficencias, clubes a los que quiero pertenecer, educación de los hijos, jubilación, donaciones, ropa, autos, relaciones que quiero, ya sea para mí mismo o para otros y/o causas que me interesan.

¿Qué quiero hacer antes de morir?

Note que en la famosa lista de Napoleon Hill, *Las 12 Riquezas de la Vida,* la seguridad financiera es la última:

1. Actitud mental positiva	2. Buena salud
3. Relaciones armoniosas	4. Libertad del temor
5. Esperanza de éxito	6. Capacidad para la fe
7. Compartir/Dar	8. Trabajar por amor
9. Constante aprendizaje	10. Auto disciplina
11. Entender a la gente	12. Seguridad financiera

Paso 3—Limpiando la lista de valores (3 a 5 minutos)

Tome tres a cinco minutos para revisar su lista de valores con esta pregunta en mente: ¿Es este un duplicado o un pensamiento repetido?

Paso 4—Deseos obviamente débiles (3 a 5 minutos)

Esta es la primera vez que usted hará un análisis de lo que ha escrito, pero de manera muy general. El auto va más despacio aquí, pero no es hora de bajarse y explorar cada detalle. ¡Siga moviéndose!

Una vez limpie la lista, pase algunos minutos acortándola, eliminando los deseos que son obviamente débiles, aquellos que cuando los lee, no tienen sentido (¿por qué escribí eso?), o son claramente algo que usted no necesita hacer, ser o tener como parte de sus metas de vida o su estilo de vida ideal.

Paso 5—Identifique los deseos fuertes (4 a 5 minutos)

En este paso, clasifique cada deseo en una de estas tres categorías:

1. un deseo fuerte,
2. un deseo muy fuerte, o
3. algo no negociable y obligatorio como parte de sus metas de vida o su estilo de vida ideal.

Paso 6—Los obligatorios
(4 a 5 minutos)

Ahora trate de ver cuáles de los deseos del paso cinco se pueden eliminar. ¿Hay alguno que usted pueda estar tranquilo si no se cumplen durante su vida? Si es así, bórrelos, siempre y cuando no sienta que al borrarlos se está desgarrando su alma. El resultado final es una lista de sus verdaderos deseos más fuertes.

Paso 7—Clasificando   (5 a 7 minutos)

Agrupe sus verdaderos deseos fuertes en estas categorías:

1. Lo que quiero ser
2. Lo que quiero hacer
3. Lo que quiero tener

Paso 8—Agrupando   (5 a 7 minutos)

¿Hay algunas similitudes que le permitan agrupar los deseos restantes en un solo grupo? Por ejemplo, en "Lo que quiero ser" puede tener uno que dice, "ser un escalador de talla mundial," en "Lo que quiero hacer" uno que dice, "escalar las 100 montañas más altas del mundo," y en "Lo que quiero tener" uno que dice, "tener sellos en mi pasaporte de cada país con montañas altas." Estos tres son claramente un solo deseo— escalar montañas. Asígneles el mismo número (ponga un "1" al lado de cada uno de los tres), y esciba a un lado de las columnas "1-Escalar montañas."

Haga esto con el resto de la lista y trate de que la lista final tenga tres a cinco deseos solamente. No se necesita un balance entre las tres categorías, simplemente tienen que ser deseos que le motiven a seguir adelante.

Paso 9—Temas   (5 a 7 minutos)

Busque cosas en común, formas en que ciertos deseos se relacionan con otros. Por ejemplo, usted podría tener escalar, viajar y estar en forma. Este podría ser un solo deseo: "Escalar montañas alrededor del mundo."

Paso 10—Resuelva cualquier conflicto (1 a 5 minutos)

Si usted tiene un deseo que dice que quiere vivir en la playa por el resto de su vida y otro que dice que quiere esquiar por el resto de su vida, tiene que resolver esto (aunque hay lugares donde puede hacer esto).

Paso 11—Ponga los deseos de su estilo de vida ideal a un lado (2 a 5 minutos)

Mire la lista y pregúntese, "¿Puedo algún día completar esto?" Si es posible que un deseo se pueda marcar como completado, entonces no es una meta de vida, sino que tiene que ver más con su estilo de vida ideal. No los borre, pero póngalos a un lado.

Paso 12—Comience a formar la declaración de sus metas de vida (Sus Islas Bermudas)

De la lista de deseos que nunca pueden completarse, ¿qué puede ver que esté tomando forma como un párrafo o una pequeña lista de cosas? Puede ser una lista de dos a cuatro cosas que usted siente que pueden ser metas que le van a dar significado a su vida.

ESCRIBIENDO LA DECLARACIÓN DE SUS METAS DE VIDA

Las metas de vida están ahí para movernos y mover nuestra empresa de la supervivencia hacia el éxito y el significado. Las metas de vida deben articular cómo queremos crear significado con nuestra vida, lo que conducirá a que nuestra empresa tenga un impacto en el mundo a nuestro alrededor también. Una vez sepamos nuestras metas de vida, podremos saber claramente cómo usar nuestro negocio para llegar allá. La declaración de las metas de vida debe ser tan corta y memorable como sea posible. Una lista de dos a cuatro cosas que queramos ser, hacer o tener y que nunca puedan ser competadas, es mucho mejor. No es necesario volverse poeta y escribir una obra maestra, sino simplemente poner en papel algo que cambie nuestra vida, nos haga salir de la cama cada mañana, y nos motive a construir una empresa que haga dinero cuando estamos de vacaciones.

La declaración debe tener en cuenta estos elementos:

1. *¿Hay en mi declaración una lista de valores, experiencias y formas en las que voy a crear éxito y significado para mi y el mundo a mi alrededor?* La etapa 5 es acerca del éxito y la etapa 6 acerca de significado— una empresa madura provee ambas cosas. Esta no es una declaración de las riquezas o el estilo de vida que queremos, sino una delcarción de los valores centrales, las contribuciones y deseos que nos van a sacar de la cama cada mañana sin importar las circunstancias del día.

2. *¿Me motiva fuertemente?* Si la declaración no salta de la página y nos hace ingeniárnolas para ver cómo las alcanzamos, sigamos trabajando en ellas.

3. *¿Me sostendrá durante los momentos difíciles?* Esta es otra manera de saber si las metas de vida nos motivan lo suficiente, si nos van a sostener durante esos días o semanas cuando las cosas no andan bien.

4. *¿Me hacen tomar acciones decisivas?* Las metas de vida no deben ser frases bonitas pegadas en la pared, sino algo que nos hace despertar cada día con una sensación de urgencia y claridad para el trabajo del día. Deben ser un recordatorio serio del estilo de vida para el cual trabajamos.

Recordemos que las cosas que se pueden marcar como completadas deben ser parte del estilo de vida ideal o descartadas. He aquí una pequeña lista de cosas que la gente piensa que son metas de vida pero que pueden completarse:

- Hacer $10 millones de dólares. Eso se puede completar. "Ser financieramente independiente" podría ser una meta de vida, pero yo lo pondría como una descripción de mi estilo de vida ideal. "Financieramente libre" puede ser un área gris, así que es mejor tener una meta de vida más motivante que sólo hacer dinero.
- Tener una casa gigante con un lago y al lado de un campo de golf. Esto se puede alanzar también y es parte de un estilo de vida ideal de alguien que tenga una

meta de vida que sea "pasar el mayor tiempo posible jugando golf y pescando."

- Dejar $100.000 dólares a mi iglesia o beneficencia local cuando me muera. También se puede completar. Algo mejor sería, "Dar $2.000 al mes a la beneficencia mientras viva y luego $100.000 cuando muera. Además de trabajar con ellos de voluntario muy a menudo."

Obtenga retroalimentación

Muestre su lista o declaración de metas de vida a personas que lo conozcan muy bien y pregúnteles si en realidad refleja su personalidad, y si ellos piensan que alguno de esos se puede completar. Entre más lo comparta con otros, más claro va a ser para usted.

Un ejemplo

Mi declaración de metas de vida se enfocaba en "dejar un mundo mejor del que encontré, logrando que cuando muera, 100 personas digan que hice un impacto significativo en sus vidas, y construir comunidades de personas que quieran hacer lo mismo." A través de los años se ha transformado en "Vivir bien haciendo el bien."

Suena un poco vago, pero en la medida en que se transformó en esta declaración, la magnitud de su significado es más clara para mi. Yo podría hablar por 15 minutos contando exactamente todas las cosas que tengo que hacer para aplicarla en mi vida.

Su declaración también va a cambiar, pero no se preocupe. Sólo escríbala, vívala, y perfecciónela en el camino.

Seamos prácticos—¿Qué significa todo esto en la vida diaria?

Si sabemos lo que queremos de la vida, pero no sabemos cuáles son los pasos importantes que debemos tomar en nuestro negocio para llegar allá, estamos disparando en la oscuridad. Queremos asegurarnos que de hoy en adelante, cada día que pase cuente en el camino hacia las Bermudas. Debemos encontrar la manera de hacer que la Prioridad de lo Importante sea tan urgente como La Tiranía de lo Urgente.

DETERMINANDO SU ESTILO DE VIDA IDEAL

Una vez tenemos un buen primer borrador de nuestra declaración de metas de vida, podemos comenzar a descubrir el estilo de vida ideal que queremos para realizar esas metas de vida. El estilo de vida ideal son las cosas tangibles que mantienen las metas basadas en valores; el tiempo, dinero, energía y propiedades que usaremos para llegar allá.

Por ejemplo, si alguien quiere esquiar 12 meses al año, su estilo de vida ideal no incluiría una casa en la playa, pero sí un condominio en Colorado y otro en un club de esquí en Australia. Si alguien quiere ayudar niños en Kenya, probablemente no va a necesitar una casa grande en Montana.

Jayleen Proxmire vino a uno de mis talleres de metas de vida creyendo que su estilo de vida ideal era una casa inmensa atiborrada de antigüedades. Y puesto que por lo general ya estamos viviendo la mayoría de nuestras metas de vida en los 20s, ella estaba por alcanzar su meta en sus 50s. Cuando era su turno para compartir sus metas de vida, incluían "tener un impacto grande y constante en la vida de mis nietos por muchos años."

Luego le dijo al grupo, "El problema es que por alguna razón mis hijos no traen mis nietos a mi casa." Todos los participantes se miraron entre ellos, esperando que alguien dijera lo obvio. Finalmente alguien dijo, "Puede ser por todas las antigüedades." Cuando salió del taller, su visión de su estilo de vida ideal había cambiado—iba a vender su casa y comprar una al lado de un lago para crear un ambiente donde sus hijos se sintieran cómodos al traer sus propios hijos a la casa de la abuela. E iba a tener una habitación donde pudiera encerrar sus antigüedades con llave.

Consideraciones para construir un estilo de vida ideal:

1. *Tiempo*—¿Cómo usaré mi tiempo? ¿Qué voy a estar haciendo y cuánto me demoraré haciéndolo?

2. *Geografía*—¿En qué parte del mundo voy a vivir mi vida ideal? ¿En un solo lugar o dos lugares al año?

3. *Dinero y cosas necesarias*—¿Cuáles son los gastos más grandes, los bienes y los viajes que debo hacer? Calcule con precios de hoy más un cinco por ciento al año para: casas, autos, botes, aviones, condominios, viajes (costo por año x 20 años), donaciones, etc.

El costo del estilo de vida ideal se hace más claro en los primeros seis a doce meses luego de establecer las metas de vida. No hay necesidad de enredarse en cada detalle por ahora, sino simplemente estimarlo basados en nuestra intuición.

Sumando el costo

Sumemos todos los gastos grandes que vamos a necesitar para el estilo de vida ideal que va a apoyar nuestras metas de vida.

- *Presupuesto para el significado*—Si hay una causa, iglesia o beneficencia a la que queremos aportar, ¿cuánto va a costar en efectivo y donaciones repetitivas? ¿Cuánto necesitaremos si vamos a pintar, escribir, componer, o construir muebles o casas para otros?

- *Presupuesto para la experiencia*—¿Qué educación, viajes teatro, hobbies, y otras experiencias queremos tener como parte continua de nuestro estilo de vida ideal? ¿Cuál es la cantidad en efectivo y el costo a largo plazo?

- *Presupuesto para vivir*—Para mantener los dos presupuestos anteriores, ¿qué bienes materiales necesitaremos? ¿Cuántas casas, autos, botes, aviones vamos a necesitar y dónde? La geografía y el lugar van a tener un gran impacto en el costo de estos objetos—hay grandes diferencias entre Bogotá, México y Nueva York. También debemos incluir aquí los costos básicos para vivir.

Financiando su estilo de vida ideal

Hay al menos cuatro formas de pagar por algo en el futuro:

1. *Ahorrando*—Este es el que probablemente va a generar la menor cantidad de dinero.

2. *Prestando*—Esto es sólo una buena idea si se tiene

la manera de hacer pagos continuos, lo que requiere uno o dos de los siguientes.

3. *Con ingresos de una anualidad o pensión*—A menos de que se haya empezado a ahorrar a los 25, esta es la mejor forma de pagar por un estilo de vida ideal.

4. Construyendo un negocio maduro que se pueda disfrutar por décadas y que financie su estilo de vida ideal.

Las primeras dos son las formas tradicionales de retirarse, especialmente el ahorro. Por eso es que la gente se retira después de los 60, porque es muy difícil llegar a un estilo de vida ideal simplemente con ahorros. Es mucho más fácil construir un negocio o crear una anualidad (ver la siguiente sección) para lograrlo. Yo creo que la mejor manera es una combinación de un ingreso de anualidad y un negocio maduro.

Ingreso por anualidad

Hay muchas maneras de generar ingresos a través de anualidades. No existe en realidad lo que llaman "ingreso pasivo," porque tenemos que observar, controlar y administrar nuestro dinero todo el tiempo. Cuando pensamos que las cosas van a ocurrir pasivamente, nos metemos en problemas.

He aquí unos ejemplos de anualidad:

• *Inversiones en finca raíz*—Si se hace correctamente y se genera un flujo de dinero positivo, se puede crear una buena base de ingreso por anualidad a través de inversiones en finca raíz. Con la ayuda de gente de confianza, cualquiera puede invertir en este mercado (¡pero debemos conocer a las personas con las que trabajamos!) y tener mejores resultados que en la bolsa.

* *Inversiones en la bolsa de valores*—El problema es que esta es una forma de ahorro, y los ahorros no son por lo general una buena forma de inversión a menos que se comience muy temprano, porque se necesita mucho tiempo para que el dinero se multiplique. Pero hay alguna gente que tiene un talento especial para esto.

* *Algunas carreras*—Los asesores financieros, los agentes de seguros y otros similares a veces reciben una anualidad continua por sus clientes, que eventualmete puede convertirse en dinero significativo, que va a requerir atención en el futuro pero no tanto como al principio.

* *Invertir en el éxito de otros*—Esta es una forma de apostar, pero puede dar muchísimo dinero si la gente o la compañía en la que invertimos, funciona.

* *Ser el dueño de una compañía*—Esta es la mejor manera que conozco de crear ingresos grandes y con rapidez. Creo que una empresa se puede llevar desde el nacimiento hasta la madurez de tres a cinco años, y he visto a muchos lograrlo. Creo firmemente que alguien que no tiene ahorros puede estar en una posición, cinco años después, donde su empresa le da el mismo ingreso que si tuviera millones en el banco generando ingreso por interés.

Construyendo un negocio maduro para financiar el estilo de vida ideal

Uno de mis clientes quería, a la edad de 45 años, comenzar a ahorrar $50.000 dólares por año para su estilo de vida ideal, al que quería llegar cuando tuviera 50. Pero era imposible que simplemente ahorrando $50.000 al año durante cinco años pudiera ahorrar lo suficiente para el costo de su vida ideal. Así que analizamos lo que pasaría si reinvirtiera $50.000 por año en su empresa, y vimos que era muy probable que el negocio diera millones de dólares de retorno sobre esa inversión.

Ser dueño de una compañía es la mejor manera de llegar allá rápido y establecer una Fecha de Madurez Empresarial es la mejor manera de asegurarse de que tomamos este proceso en serio.

Efectivo vs. Anualidad y/o Ingreso del negocio

Miremos algunos ejemplos de qué tan fácil es llegar al estilo de vida ideal usando una combinación de ingreso por anualidades y el ingreso de un negocio maduro. He partido de dos suposiciones para este ejemplo:

1. $110.000 en ingreso personal periódico

2. $500.000 en efectivo necesarios para comprar las cosas (bote, condo, etc.) para el estilo de vida ideal

Escenario Uno

Creo $55.000 en ingreso por anualidad o pensión (finca raíz, inversiones) y vendo la empresa por $1.1 millones. En este escenario, todavía necesito $557.000 en ahorros en efectivo en adición a lo necesario para tener $55.000 de pensión, lo que puede ser millones o inversiones muy grandes en bien raíz.

Escenario Dos

Creo $88.000 en anualidad y vendo la empresa por $440.000, necesitando solamente $202.000 más en efectivo (ahorros) para financiar mi estilo de vida ideal. Si creo más ingreso por anualidad, necesitaré menos ahorros.

Escenario Tres

Me quedo con la empresa, la llevo a etapa 6 o 7 y la disfruto mientras financia mi estilo de vida ideal. Mi ingreso va a tener que ser más alto ($240.000 aproximadamente para pagar la hipoteca y costos de préstamos para financiar las mismas cosas que los ahorros, pero en este caso los ahorros necesarios son menores o inexistentes.

La mayoría de estilos de vida ideales van a ser financiados por una mezcla de ahorros, pensiones o anualidades, préstamos y retener o vender una empresa. La siguiente tabla muestra las opciones:

	ESCENARIO ❶ Vender la empresa	ESCENARIO ❷ Vender la empresa	ESCENARIO ❸ Retener la empresa
Ingreso de libertad (prosperidad)	$110.000	$110.000	$240.000
Efectivo para ingreso al 5%	$2,200.000	$2,200.000	0
Efectivo para juguetes	$500.000	$500.000	0
Total de efectivo necesario sin pensión	$2,832.000	$2,832.000	0
Ingreso de la pensión (o del negocio)	$55.000	$88.000	$240.000
Efectivo por la venta de la empresa	$1,100.000	$440.000	0
Ahorros a largo plazo necesarios al 6%	$557.000	$202.000	0

Robando a Pedro para pagarle a Pablo

Si logramos tener un ingreso mayor de nuestra anualidad, vamos a necesitar menos efectivo y podemos prestar más porque tendremos capacidad para hacer pagos más altos. O podemos aplazar el comienzo del estilo de vida ideal, ahorrar más, y esto va a requerir menos ingreso de la anualidad porque los pagos del préstamo serán menores.

No hay una manera perfecta. Cada uno hace lo que es más cómodo. Conozco gente que ha pagado efectivo por sus casas y otros que ponen lo mínimo de cuota inicial. Yo pongo lo menos que puedo en una casa porque quiero usar el efectivo disponible para comprar otros bienes, pero ese soy yo. Por otro lado, siempre pago efectivo por autos usados porque son pasivos que se deprecian (no activos que se deprecian). Otros sólo compran nuevo y esperan a encontrar una promoción de prestamos con intereses bajos.

Sin importar cómo se haga, la manera más rápida de llegar al estilo de vida ideal es construir ingresos que vengan del negocio como una pensión constante que va a financiar el estilo de vida.

Claridad, esperanza y riesgo

Puede que todo esto suene simplista, pero no lo es—es solamente sencillo. En la historia de *El Señor de los Anillos*, Frodo sube una colina y ve el Monte del Destino por primera vez. Su meta es arrojar el anillo en el fuego del Monte del Destino para destruir la maldad que quería arrasar con la Tierra Media. El volcán se veía pequeño y lejano, y entre el monte y Frodo había muchas millas de montañas peligrosas, valles, enemigos y obstáculos desconocidos.

Frodo no tenía idea de cómo iba a pasar por todo eso para llegar al Monte del Destino, pero no importaba porque tenía total claridad acerca de su meta final. Nunca supo más allá de los siguientes pasos que tenía que dar, pero siempre supo cuál era el objetivo.

Si sabemos a dónde queremos ir, vamos a descubrir el camino. Recordemos que la claridad crea la esperanza necesaria para tomar los riesgos que nos guiarán a la meta.

¿Cuáles son sus metas de vida? ¿Qué estilo de vida ideal necesita para mantener esas metas? ¿Cuándo alcanzará su Fecha de Madurez Empresarial para tener ese estilo de vida ideal? Si tenemos claro cuál es nuestro destino, nos vamos a emocionar pensando cómo llegar allá.

RESUMIENDO SUS METAS DE VIDA Y SU ESTILO DE VIDA IDEAL

Use la página siguiente o algo similar para tener todo en una sola página. La complejidad no es su amiga. Si termina con páginas de "información," nada de eso va a cambiar su vida. Que sea una sola página.

Yo tengo una copia en la pared y otra versión pequeña en mi billetera con mi hoja del compromiso en el otro lado para revisarla todo el tiempo. ¡Hay que mirarla todos los días cuando nos levantamos en la mañana!

Nombre: Fecha:

Mi visión personal
y mis metas de vida

(A) Su meta de vida **(Identificando sus metas de vida):** Cosas que nunca se dan por completadas (por ejemplo, viajar, pasar tiempo con los nietos, etc)

_____

_____

_____

(B) Su estilo de vida ideal (olvídese de la jubilación) **(Detalles de su estilo de vida ideal):** Estas son las cosas que se pueden marcar como completadas (comprar una casa, ganar el ingreso deseado)

_____

_____

_____

(B.5) Punto intermedio a 5 años desde ahora (peldaños de tiempo y dinero en el camino hacia mi estilo de vida ideal) **(Recursos necesarios para el estilo de vida ideal):**

_____

_____

_____

(B.4) Punto intermedio a 4 años desde ahora: (basado en B.5)

_____

_____

_____

(B.3) Punto intermedio a 2 años desde ahora: (basado en B.4)

_____

_____

_____

(B.2) Punto intermedio a 12 meses desde ahora: (basado en B.3)

_____

_____

_____

(B.1) **Punto intermedio de este mes:** próximo peldaño u obstáculo a remover en el camino hacia mi estilo de vida ideal (basado en B.2) RECUERDE QUE ESTAMOS YENDO HACIA ATRÁS; ESTE ES EL ÚLTIMO PASO EN LA PLANEACIÓN, NO EL PRIMERO.

_____

_____

_____

Los pasos más importantes para comprometerse a las metas de vida y el estilo de vida ideal

La parte más importante de este y cualquier otro proceso es:

1. Tomar una decisión
2. Ponerle una fecha
3. Anunciarlo públicamente

Use la siguiente lista para comprometerse con sus metas de vida. Luego de escribirla, péguela en la pared junto a su cama.

1. ¿Para cuándo (**una fecha específica**) necesito los recursos requeridos—estilo de vida ideal—para llevar a cabo mis metas de vida?
2. ¿Qué es lo primero que debo hacer este mes para estar más cerca de mis metas de vida?
3. Liste los **beneficios** de obtener sus metas de vida y su estilo de vida ideal.
4. Liste las **consecuencias negativas** de no obtener sus metas de vida y su estilo de vida ideal.
5. **Enfóquese**—Pase 5 o 10 minutos en silencio, enfocado en lo que acaba de escribir, meditando en los beneficios y las consecuencias negativas y haga un compromiso privado de alcanzar su meta sin hacer concesiones. Nada se interpondrá en su camino.
6. **Repase** su meta, su próximo punto intermedio, y los beneficios y consecuencias negativas DIARIAMENTE.
7. **Realice el plan**—*Pensar y sentir no producen acción.* **La acción produce pensamientos y sentimientos.**

Ignore cómo se siente cada día, derrote a la apatía, y cumpla con su compromiso. Ahora empiece con el primer punto intermedio (paso dos).

El enigma del tiempo, el dinero y la energía—¡Resuelto!

Estoy muy agradecido con la persona que me habló de este enigma hace 30 años. Me ha motivado a entender la importancia de deshacerme de la idea de la jubilación y reemplazarla con metas de vida y así poder hacer algo significativo hoy, no cuando me "retire". Eso también significa que puedo empezar a disfrutar de la vida ahora, no después. Poder combinar tiempo, dinero y energía es un elixir poderoso para una vida de significado.

La pregunta más importante en los negocios

La gente pasa más tiempo planeando unas vacaciones de dos semanas que descubriendo cómo tener una vida con significado y describiendo sus metas de vida.

Como dijo Henry David Thoreau, "La mayoría lleva vidas de desesperación silenciosa." No seamos la mayoría. Sepamos la razón por la que trabajamos y tenemos nuestro negocio.

Preguntemos, "¿Por qué?" Es la pregunta más importante que un empresario se puede hacer.

Tener metas de vida cambia la forma en que planeamos qué hacer con nuestro negocio. El Gran Porqué nos da una razón para construir un negocio que nunca hemos tenido, y los dos jefe nos mantienen enfocados. ¿Listo para el primer jefe? Es un tipo muy sencillo.

PARTE III

ENTRENAMIENTO

Las herramientas clave para construir una empresa madura

Un plan sencillo para manejar su empresa

7

Los buenos líderes crean una visión, articulan la visión, se apropian de la visión con pasión y la completan con tenacidad.

—JACK WELCH

Una empresa o negocio existe para darnos los dos recursos más valiosos que tenemos: tiempo y dinero. A menudo pensamos que sólo nos debe proveer dinero, pero como hemos visto, el dinero por sí solo no crea un negocio exitoso. Si la empresa no nos da tiempo también, va a ser casi imposible crear significado para nosotros y mucho menos para nuestros empleados o el mundo alrededor de la empresa. Cualquier plan que establezcamos para manejar la empresa de asegurarse que nos dé más tiempo y no sólo dinero.

Nuestra experiencia es que nos quedamos sin dinero, pero en realidad nos quedamos es sin tiempo. No importa que tan duro lo intentemos, no podemos administrar el tiempo, pues siempre sigue marchando. Todo lo que podemos hacer es administrar nuestras prioridades y cómo usamos el tiempo limitado que tenemos. Si lo usamos para hacer dinero probablemente la empresa no va a pasar de la etapa 4 (Estabilidad). Si lo usamos para crear tiempo para nuestra vida personal vamos a salir de la simple supervivencia hacia el éxito y el significado, tanto en los negocios como en la vida. El tener un plan sencillo que maneje el negocio nos ayudará a administrar las prioridades y a construir un negocio que genere tanto tiempo como dinero. En el capítulo 3 dijimos que una empresa exitosa necesita tres influencias externas para que no pierda su enfoque ni esté sometida a la tiranía de lo urgente: Un Gran Porqué y Dos Jefes. El motivador es el Gran Porqué, o las metas de vida. Los dos Jefes son un Plan Estratégico y ojos externos. Repasemos estos conceptos antes de hablar del Plan Estratégico.

LA PREGUNTA MÁS IMPORTANTE EN LOS NEGOCIOS

Como hemos visto, la pregunta más importante en los negocios es, "¿Por qué?" Debe hacerse antes de cualquier otra pregunta (quién, qué, cuándo, cómo y dónde). Cuando la respondemos en un nivel estratégico ("¿Por qué estoy haciendo esto?") y en un nivel táctico ("¿Por qué estoy comprando ese equipo?"), cambia la dirección del negocio.

Es la pregunta máxima en el liderazgo. Si no se hace a menudo, no se se está liderando.

LA SEGUNDA PREGUNTA MÁS IMPORTANTE

Como dijimos en el capítulo 4, la segunda pregunta más importante en los negocios es "¿Cuándo?" No nos gusta hacerla porque al usarla con las otras (quién, qué, dónde, por qué y cómo), perdemos el control de nuestro futuro. En lugar de manejar nuestro plan, el Plan nos maneja a nosotros, y nos obliga a tomar acción y avanzar, cuando preferiríamos pensarlo mejor y jugar a la oficina otro ratito.

Nuestras metas de vida nos dan un Gran Porqué. Un Plan Estratégico nos ayuda a controlar el cuándo. Una vez sacamos nuestras ideas y planes de la cabeza y los ponemos en una hoja de papel, estas toman una vida propia y van a estar disponibles para guiarnos en los momentos de confusión y subjetividad.

RASTREO DUAL

Un Plan Estratégio también va a guiar el rastreo dual. No incluye información sobre el día a día, pues no es necesario, ya que la tiranía de lo urgente (aquello que debemos hacer todos los días para hacer dinero ahora) nos llega sin buscarla. Por eso las cosas urgentes se ponen un una lista tradicional de cosas por hacer.

El propósito de un Plan Estratégico es traer las cosas importantes a la primera línea para darles la prioridad que deben tener y, en un sentido, crear urgencia donde antes no existía. Las cosas importantes, aquellas que nos van a ayudar a construir un negocio que haga dinero cuando estamos de vacaciones, son bastante urgentes, aunque no lo parezcan.

Es como necesitar tener el testamento actualizado todo el tiempo—es urgente, pero no parece. Lo mismo es cierto para todas las cosas importantes en los negocios. Un Plan Estratégico nos ayuda a hacer rastreo dual de la tiranía de lo urgente y la prioridad de lo importante para que maduremos la empresa.

Recordemos los cuatro bloques de construcción sobre los cuales se basa toda empresa privada.

Las metas de vida son el primer fundamento para construir una gran empresa. Una vez sabemos personalmente lo que queremos del negocio, podemos pensar en cómo construirlo. Se trata de claridad de dirección—tenemos que saber en dónde son las vacaciones antes de empacar. La mayoría de empresarios

¿Por qué?

Costo del porqué

① Metas de vida &
Estilo de vida ideal

FMN
Plan estratégico
Ingreso necesario
para vivir el porqué

②a Fecha de Madurez Empresarial
②b Plan estratégico de 2 páginas

**Procesos necesarios
para desarrollar el plan
y producir el ingreso**

③ Mapeo de procesos/
Descripciones

Ojos externos en el negocio

④ Comunidad de
empresarios,
asesores, mentores

está empacando sus empresas con productos, clientes, empleados e infraestructura sin idea de por qué o para dónde van. Las metas de vida comienzan el proceso y el Plan Estratégico lo pone en marcha.

En este capítulo aprenderemos cómo construir un Plan Estratégico de sólo dos páginas, que es una herramienta dinámica y flexible para manejar la empresa diariamente, proveyendo claridad para los siguientes doce meses, tres meses y este mes.

POR QUÉ LOS PLANES DE NEGOCIO NO FUNCIONAN

En los años en que trabajé para corporaciones grandes, tuve que pasar por varias sesiones aburridísimas en donde hacíamos planes de negocio. Nos reuniamos por unas cuantas semanas en enero (ya cuando el año había empezado—nunca pude entender eso), escribíamos un documento de 24 páginas muy impactante, lo poníamos en una carpeta bonita y luego se guardaba en un archivador y se ignoraba por 12 meses hasta que lo hacíamos de nuevo. Lo único que lograba era que los jefes pensaran que en realidad estabamos planeando para el futuro.

Yo recomiendo nunca hacer un plan de negocio a menos que sea para aplicar para un préstamo bancario, pero ciertamente no para manejar la empresa. Nadie usa un plan de negocio para guiar una compañía (al menos nunca he conocido a alguien que lo haga). Es terriblemente rígido y a veces hasta tiene instrucciones para cada centavo y cada objeto que se necesita para el año siguiente. Y lo peor es que si algo no está en el plan escrito porque se nos olvidó ponerlo, no se hace ni se compra, así sea vital. La tendencia es seguir el plan y no desviarse de él.

Pero si el plan de negocio fuera útil, lo consultaríamos cada semana, lo actualizaríamos cada mes y lo revisaríamos sustancialmente cada trimestre. Luego de nueve meses, se revisa y se planean los 12 meses siguientes, de manera que estemos planeando el futuro a corto plazo y nunca nos quedemos con un plan que tenga menos de los próximos nueve meses.

Es mejor reemplazar el concepto de un plan de negocio con un sencillo Plan Estratégico de dos páginas.

PLAN ESTRATÉGICO DE DOS PÁGINAS —JEFE #1

Un Plan Estratégico es repasado semanalmente, revisado mensualmente, actualizado trimestralmente y expandido para cubrir 12 meses. Es un plan cíclico de 12 meses que maneja la empresa todos los días. Es el jefe. Y como cualquier criatura viva, es dinámico, siempre evolucionando, nunca estancado, ni guardado en un estante.

La primera página es puramente estratégica—por qué estamos en el negocio, el impacto que queremos tener en el mundo, y las maneras en que hacemos dinero.

La segunda página es puramente táctica—describe lo que se debe hacer en los próximos 12 meses para crecer una empresa que haga dinero cuando no estemos presentes. Luego se desglosa en los primeros tres meses, lo que revela lo que hay que hacer este mes... Tres secciones sencillas, eso es todo.

Este plan nos va a mostrar un progreso real, cada mes, hacia los objetivos a largo plazo y nos va a dar claridad.

He aquí un bosquejo de lo que necesitamos estratégicamente para madurar nuestra empresa:

EL PLAN ESTRATÉGICO

¿QUÉ ES UNA ESTRATEGIA DE NEGOCIOS? NO ES UN PLAN DE NEGOCIO.
ES ALGO QUE MANEJA LA EMPRESA DÍA A DÍA.

VISIÓN Valores	**¿POR QUÉ?** Generales, no específicos
FECHA DE MADUREZ EMPRESARIAL Metas de vida, objetivo final, fechas	**¿CUÁNDO?** Específico
MISIÓN Resultados (la experiencia de los clientes, el mandato de la empresa)	**¿QUÉ?** Específico, medible
ESTRATEGIAS Cómo hacemos dinero	**¿CÓMO?** Cómo lideramos
OBJETIVOS A 12 MESES Medibles, específicos y tácticos, horarios, números, resultados SUS PELDAÑOS: ¿Qué cosas voy a medir? ¿Cuándo se alcanzará cada objetivo?	**¿QUÉ Y CUÁNDO?**
PLAN DE ACCIÓN TRIMESTRAL Para implementar los objetivos a 12 meses	**¿QUÉ Y CUÁNDO?**
PLAN DE ACCIÓN MENSUAL Para implementar los objetivos trimestrales	**¿QUÉ Y CUÁNDO?**

UNA JERARQUÍA NECESARIA

El Plan Estratégico fue construido intencionalmente en la jerarquía anterior. Siempre se debe empezar desarrollando la Visión. Es la parte más difícil del plan (pero el primer intento no debe tomarnos más de 15 a 20 minutos), pero todo depende de esto. La Misión también puede ser difícil, pero es la que guía las estrategias, mostrándonos la dirección a tomar y que luego nos ayudará a definir los objetivos a 12 meses. Una vez tengamos los objetivos, el plan nos dice qué hacer este mes.

USANDO EL PLAN PARA MANEJAR LA EMPRESA

SEMANALMENTE—Cada semana saque 15-30 minutos para crear una lista de acciones para esa semana.

MENSUALMENTE—Revise los objetivos mensuales cada mes para completar los trimestrales.

TRIMESTRALMENTE—Una vez cada tres meses, extienda su plan para que siempre abarque 12 meses.

ANUALMENTE—Revise todo el plan.

La brevedad es absolutamente esencial para construir un Plan Estratégico relevante. Tenemos que poder recitar la Visión, la Misión, las estrategias, y los objetivos a 12 meses en menos de 3 minutos. Si no podemos es porque hay muchos detalles y eso va a impedir que usemos el plan diariamente.

Hay que resistir la tentación de incluir muchos detalles. Un buen plan describirá el resultado primordial que necesitamos al final del mes. A partir de ahí podemos sacar todos los detalles que necesitamos para lograr ese objetivo, pero esos detalles no van en el Plan Estratégico.

COMENCEMOS

Un plan de negocio es para banqueros. El Plan Estratégico es para manejar la empresa. Es como un compás (no vaya al bosque sin él).

Hay tres directrices para crear un buen Plan Estratégico:

1. Hágalo en 4-8 horas máximo—no se atasque, siga escribiendo, pida ayuda a otros.
2. Mantenga cada línea lo más corta posible.
3. Esto no es un plan de negocio; es un plan estratégico—dinámico, vivo, y que toma el control.

Semanalmente	Revise los planes de acción.
Mensualmente	Revise y actualice los objetivos.
Trimestralmente	Revise y actualice las estrategias.
Anualmente	Revise la misión y la visión.

En las siguientes páginas vamos a aprender el proceso para crear un sencillo Plan Estratégico de dos páginas.

Instrucciones para desarrollar el Plan Estratégico

PÁGINA UNO DEL PLAN ESTRATÉGICO
VISIÓN, MISIÓN, ESTRATÉGIAS

PANORAMA DE LA SITUACIÓN
25 a 50 palabras   (10 a 15 minutos)

Responda estas preguntas antes de escribir:

1. ¿Qué nicho estoy llenando?
2. ¿Cuál es mi mercado objetivo?
3. ¿Qué productos y servicios ofrezco?
4. ¿Qué hace que mi negocio sea viable? ¿Por qué quiere comprar la gente de mi?

Por ejemplo, podría decir, *"Vi una oportunidad en…"; "La gente necesita mi producto porque…"; "Nuestro mercado es X, servimos al hacer X y nos enfocamos en X (nicho), ofreciendo el servicio X."*

Esto es lo que yo escribí: *"Servimos a empresarios pequeños y medianos para que hagan más dinero en menos tiempo, se bajen de la caminadora, y tengan un negocio maduro que sirva sus metas de vida. Tenemos dos grupos—dueños de microempresas que necesitan más ingresos y dueños de pequeñas y medianas empresas con empleados que necesitan trabajar en los siete elementos del negocio."*

Este panorama no es para el público, sino que es para ayudarnos a desarrollar el resto del plan y luego nos va a servir para crear un plan de mercadeo.

SU DIFERENCIADOR

25 a 50 palabras   (10 a 15 minutos)

El panorama y el diferenciador van a ser el fundamento para crear todo lo que sigue: visión, misión, y estrategias para futuras campañas de mercadeo y publicidad.

¿Cuál es la cosa que lo diferencia de los otros que venden lo mismo? ¿En qué es usted mejor que el resto de empresas en su mercado local? No tienen que ser muchas cosas especiales, pero al menos una que nadie más posea. Algo como servicio personalizado, originalidad del producto, experiencia o ubicación.

Encuentre algo que sea únicamente suyo y escríbalo. Este es su diferenciador.

Ejemplo: *Nos enfocamos en escaleras solamente. Somos los expertos en esta parte de la ciudad. / Nos enfocamos en el cliente en una industria que le tiene sin cuidado...*

Este es mi diferenciador:

1. Servimos, no vendemos.
2. Vivimos en un mundo de abundancia, no de escasez.
3. Las necesidades del cliente gobiernan todas las decisiones con respecto a él o ella.
4. Nos basamos en los resultados, no la educación.
5. Estamos en la trincheras con nuestros clientes.
6. Medimos crecimiento y progreso hacia las metas.
7. Trabajamos con las Reglas Cuánticas de los Negocios, no con las Reglas de las Empresas Grandes.

SU VISIÓN
1 a 20 palabras   (15 a 60 minutos)

Responde la pregunta—¿POR QUÉ?
(La respuesta no debe cambiar mientras estemos en el negocio.)

Antes de escribir la visión, lea esta sección y la siguiente acerca de la misión, para entender la diferencia entre ellas. Es importante no confundirlas, pues en este plan, son muy diferentes.

La visión es un reflejo suyo y de su compañía

La visión es más para usted que para los clientes. Es la motivación a largo plazo para estar en el negocio: sus valores, su pasión, su legado. Está directamente relacionada con el Gran Porqué y le ayuda a enfocarse en mover la empresa del éxito al significado. No tiene que decir lo que la compañía hace sino que debe expresar el impacto a largo plazo que usted espera tener en el mundo a su alrededor.

Por ejemplo, una gran visión para una compañía que haga albumes o equipo fotográfico sería "Memorias". No es acerca del producto sino de lo que el producto hace.

Entre más corta sea la declaración de la visión, mejor. La mía es, "Vivir bien haciendo el bien." Yo podría tener cualquier tipo de empresa y vivir mi visión, pero sé exactamente lo que significa para mi negocio y me motiva todos los días.

Escríbala en términos de **valores**. El éxito de la visión se mide por los valores que crea y promueve. Considere esto:

1. ¿Qué clase de compañía quiere ser?
2. ¿Cómo quiere que lo recuerden?

3. ¿Qué impacto tendrá a nivel local, regional, nacional e internacional?

4. ¿Qué le emociona acerca del negocio, qué está detrás del producto o servicio que sabe que creará significado para usted, sus empleados y sus clientes?

5. ¿Qué diría la gente acerca de la compañía en términos de valores—honesta, integra, disfruta la vida; vive bien; servicio, esperanza, completa, etc.?

La visión debe ser válida durante toda la vida de la empresa. No tiene que hacerla perfecta ahora, pero comience ya.

"Vivir bien haciendo el bien"

Esta es la declaración de mi visión. Significa que espero que los empresarios y sus empresas se beneficien grandemente de su contacto con el Grupo Crankset. Significa que sus vidas y sus negocios serán transformados y que ellos nos pagarán con gusto por ese beneficio. También significa que espero vivir bien proveyendo estos servicios, y a medida que crezcamos podremos crear más recursos para hacer el bien en las vidas y negocios de otros.

Hacer el bien en esos negocios genera ingresos que nos permiten vivir bien, lo que a su vez provee los recursos para seguir haciendo el bien, en un ciclo que se expande todo el tiempo. El tener un impacto que siempre se expande es muy motivante. Me saca de la cama en la mañana, y le da significado a los momentos difíciles, algo que el dinero no podría hacer.

¿Qué lo motiva a usted y a sus empleados a ir a trabajar todos los días? ¿Cuál es el impacto que la compañía tiene en la gente más allá de venderles algo? ¿Estamos vendiendo cámaras o creando memorias? Sin una visión, son sólo cámaras.

SU FECHA DE MADUREZ EMPRESARIAL
25 a 50 palabras   (8 a 36 horas)

Responde la pregunta—¿CUÁNDO?

El capítulo 4 habla de cómo fijar la Fecha de Madurez Empresarial (FME). La FME es el lado concreto de su visión. Si todavía no hafijado su FME e imaginado cómo será la empresa en ese día y cómo lo va a celebrar, entonces deténgase aquí, regrese al capítulo 4 y fije su Fecha de Madurez Empresarial.

Honestamente, hasta que usted no tenga una FME, el resto de este libro es sólo jugar a la oficina. Nunca va a tener el impacto que pudiera tener si usted en realidad supiera hacia dónde va. Así que vamos a suponer que usted tiene una FME para insertarla aquí.

> La delcaración de mi FME es: *Febrero 18, 10 a.m., 2011. Negocio en etapa 6-7 (continuar en desarrollo y entrega de contenido; otros manejan el negocio.) $xxxk/año de anualidad—$xk por mes para la beneficencia (donde "k" significa "mil"). Salida Denver 6:10 p.m.; Llegada Auckland, NZ Dom, 7:25 a.m., 2/20/2011 $2.880 vuelos; $4.000 para hoteles/transporte; $2.200 alimentación; $3.500 entretenimiento = $12.380*

El viaje a Nueva Zelanda es una manera visual y tangible de hacer la FME real para mí, y me ayuda a estar comprometido a alcanzarla. Usted también debe encontrar la manera de que su FME sea real, tangible y urgente.

SU MISIÓN

1 a 40 palabras   (10 a 60 minutos)

Responde la pregunta—¿QUÉ?
(La respuesta no debe cambiar mientras estemos en el negocio.)

Su misión es totalmente diferente a su visión. La visión se basa en valores, es general, incluso un poco misteriosa, y enfocada en motivación. Y aunque puede hacerse pública, no es la intención—puede que el público no la entienda.

Por otro lado, la misión es diseñada para compartirse abiertamente con clientes, empleados, y la comunidad. Es muy específica, y no general como la visión. Tiene cuatro facetas:

1. Es su mandato, lo que tiene que hacer.
2. Se basa en resultados, no en procesos o características.
3. La gente sabrá de qué se trata su negocio después de leerla.
4. Luego de leerla, otros sabrán si usted la está cumpliendo—se mide a sí misma.

Responde el Gran Qué en su negocio: ¿Qué es lo que hago?

Lewis y Clark fueron los grandes exploradores reconocidos por encontrar una ruta al Océano Pacífico por el noroeste de los Estados Unidos. Si ellos fueran a escribir su visión hoy, diría algo así: "Ir a donde ningún hombre ha ido antes."

No nos dice necesariamente lo que hacen, pero es porque no se escribió para nosotros. Ellos saben lo que significa—son pioneros en su corazón y su gozo está en levantarse cada mañana para descubrir lugares que otras personas evitarían a toda costa.

Pero su misión, escrita para sus clientes (el gobierno de los Estados Unidos), diría algo así:

"Descubrir una ruta hacia el Océano Pacífico a través del noroeste, y hacer un mapa de la ruta para las generaciones futuras."

Cuando miramos si cumple las cuatro facetas, es muy claro que después de leer la misión, sabemos:

1. Su mandato: Encontrar un camino al océano por el noroeste.
2. Los resultados para el cliente: Hacer un mapa de la ruta.
3. El negocio en el que están: Ser pioneros de nuevas fronteras y mapearlas.
4. ¿Cumplieron su meta? Sí, descubrieron la ruta e hicieron un mapa.

Mediremos el éxito de nuestra misión por lo que los clientes experimenten, obtengan, reciban, etc.

La visión es POR QUÉ existe (motivador); la misión es lo QUE hará como compañía; y el RESULTADO es lo que usted provee para usted y sus clientes.

Cuando la gente termine de leer su visión, deberán saber lo que le motiva. Pero cuando terminen de leer su misión, deberán saber exactamente lo que van a obtener de su relación con usted. La visión es todo acerca de usted y su compañía; la misión es totalmente acerca de sus clientes y los resultados que les dará.

VISIÓN	MISIÓN
Basada en valores	Basada en acciones
Por qué existo	Qué hago
General	Específica
Acerca de mí	Acerca de mis clientes
Motivacional	Mandato
General/resultados etéreos	Producto específico/resultados del servicio

Mi Misión

Ayudar a empresarios a hacer más dinero en menos tiempo, bajarse de la caminadora, y recuperar la pasión que los atrajo a los negocios, para que puedan construir una empresa madura que apoye sus metas de vida.

Es más corta de lo que solía ser, pero me gustaría reducirla a entre 5 y 15 palabras. Algún día encontraré la forma de comunicar el resultado que obtienen mis clientes en menos palabras.

No los procesos, sino los resultados

Note que mi misión menciona cinco resultados que le doy a mis clientes, sin decir cómo lo hago. Es un error común— queremos decirle a la gente lo que hacemos, pero no les interesa hasta que les decimos lo que van a obtener. Si a alguien le interesa uno o más de los cinco resultados en mi misión, entonces podemos empezar una conversación acerca de cómo le puedo ayudar a obtener ese resultado.

SUS ESTRATÉGIAS A 1-3 AÑOS
10 a 30 palabras (5 a 10 minutos cada una)

Responde la pregunta—¿CÓMO?
(Sirve para los próximos tres años.)

Ya teninedo una visión que nos motive y una misión enfocada en resultados, el resto será más fácil y más táctico. Cada paso que tomamos en construir el Plan Estratégico nos acerca más a lo que tenemos que hacer hoy para construir una empresa que haga dinero mientras estamos de vacaciones.

Las estrategias en el Plan Estratégico responden las preguntas del Cómo:

1. ¿Cómo hago dinero (productos, servicios, estrategias de mercadeo y retención de clientes y principios operativos)?
2. ¿Cómo lidero la empresa, los empleados y los clientes? ¿Qué cultura voy a crear (1-2 estratégias aquí)?

El mayor énfasis está en cómo se hace dinero. Sólo se necesitan una o dos estrategias en cómo se lidera. En algunos casos, el cómo se hace dinero clarifica cómo usted lidera a sus clientes y a su compañía. Sus estrategias son sus fuentes de ingreso y sus prácticas de liderazgo, así de sencillo.

Recordemos que hay una jerarquía en este Plan Estratégico y que todo se construye sobre lo que viene antes. Por eso es más fácil a medida que avanzamos.

Es común comenzar las estrategias escribiendo una lista de cosas que nos gusta hacer en nuestro negocio, pero es una mala idea. Recordemos que existen siete elementos en un negocio y que nuestra tendencia es enfocarnos en dos o tres elementos que disfrutamos e ignorar los otros. Pero la empresa nunca crecerá si hacemos esto. Es como pretender tener un cuerpo totalmente en forma pero hacer sólo abdominales. El Plan Estratégico requiere balance, como cualquier cosa en la vida.

Use estos siete elementos (ver capítulo 5) para construir sus estrategias:
   1. Visión y liderazgo
   2. Desarrollo del negocio e investigación
   3. Operaciones y entrega
   4. Finanzas y contabilidad
   5. Satisfacción del cliente
   6. Satisfacción del empleado
   7. Comunidad/Familia/Personal (¿Qué impacto tiene la empresa en el mundo a su alrededor?)

Usted puede tener 1 a 3 estratégias para uno de los siete elementos y 0 a 1 para los otros, pero considerelos todos al desarrollar sus estrategias. No es obligatorio tener una estratégia para cada uno de los siete elementos, pues muchas veces la compañía esta en una etapa donde algunos elementos no se han desarrollado. Pero como mínimo, haga estrategias para:

1. Visión y liderazgo
2. Desarrollo del negocio e investigación
3. Operaciones y entrega
4. Finanzas y contabilidad

Otras preguntas para considerar:
- ¿Cuál es su mercado objetivo? Escriba las estrategias generales para alcanzarlo.
- ¿Cuáles son sus fuentes de ingreso—productos/servicios (esta es una mezcla de los elementos de desarrollo del negocio y operaciones)?
- ¿Cuáles pueden ser unas estratégias sencillas para entregar estos procesos/productos/resultados?
- ¿Cómo puede convertir a sus clientes en hinchas devotos (proceso de satisfacción al cliente)?
- ¿Cómo se convertirá en el empleador que todos buscan (satisfacción del empleado)?
- ¿Cómo impactará su estilo de vida, su comunidad y el estilo de vida de sus empleados?

La clave es asegurarse de que todas las estrategias van a hacer dinero o liderar a los clientes y la empresa. Si la estrategia no tiene rentabilidad sobre la inversión, no funciona.

Todas las estrategias cambian con el tiempo y duran máximo tres años. La forma en que hacemos dinero va a cambiar con el mercado y a medida que nos volvemos mejores en nuestro trabajo, así que sólo tengamos entre cuatro y siete cosas que sin duda nos van a generar dinero y una o dos cosas que nos ayudarán a ser líderes para los clientes y la empresa.

Luego de desarrollar las estrategias, pregunte de cada una:

1. ¿Me ayuda esto a hacer dinero, directa o indirectamente?
2. ¿Me ayuda esto a liderar mi empresa?

Luego miremos si estamos cubriendo lo que necesitamos de los siete elementos para construir un negocio maduro. Por ejemplo, digamos que mirando los siete elementos llegamos a Finanzas y Contabilidad—lo primero que nos preguntamos es, "¿Cómo me ayuda esto a hacer dinero?"

Pensemos en una empresa que diseña sitios de internet que tiene problemas económicos constantes a pesar de que siempre hay ingresos. Después de un análisis, se dieron cuenta que empezaban un proyecto, avanzaban bastante, y luego el cliente paraba todo porque no tenía listo el texto o ciertos elementos gráficos. Esto alargaba el pago del proyecto porque no se podía terminar el trabajo. En algunos casos, el cliente dilataba todo hasta que estuviera listo para ir en vivo, lo que afectaba más la contabilidad de la empresa.

Una buena estrategia para solucionar este problema fue "Recortar los plazos de las cuentas por cobrar de 60+ días a menos de 30 días." Para lograrlo, comenzaron a requerir que todo el texto estuviera listo antes de empezar un proyecto. La estrategia funcionó al eliminar las esperas, creó un buen flujo de dinero, e incluso ayudó a los clientes para que se organizaran más rápido.

El tener una estrategia para las Finanzas y la Contabilidad cambió la forma en que hacían negocios.

A continuación están mis estrategias, que para el momento en que usted lea esto, ya habrán cambiado bastante.

Note cómo he relacionado cada una de las estrategias a uno de los siete elementos. Trate de escribir frases cortas (incluso más cortas que las mías).

Grupo Crankset

Página Uno – Visión, Misión, Estratégias   Actualizado: xx/xx/xxxx

NUESTRA VISIÓN	Vivir bien haciendo el bien.
FECHA DE MADUREZ EMPRESARIAL Y DESCRIPCIÓN	Febrero 18, 10am, 2011. Negocio en etapa 6-7 (continuar en desarrollo y entrega de contenido; otros manejan el negocio.) $xxxk/año de anualidad—$xk por mes para la beneficencia. Salida Denver 6:10 p.m.; Llegada Auckland, NZ Dom, 7:25 a.m., 2/20/2011 $2.880 vuelos; $4.000 para hoteles/transporte; $2.200 alimentación; $3.500 entretenimiento = $12.380
NUESTRA MISIÓN	Ayudar a empresarios a hacer más dinero en menos tiempo, bajarse de la caminadora, y recuperar la pasión que los atrajo a los negocios, para que puedan construir una empresa madura que apoye sus metas de vida.

NUESTRAS ESTRATÉGIAS

1 INGRESO INDIRECTO - Comidas BLI & Modelo Abierto - Ser el tablero donde los empresarios juegan y ganan. Invitar a todos a todo. Vivir bien haciendo el bien. ELEMENTOS 1, 2, 5, 7

2 INGRESO DIRECTO - Mastermind - asesoría de colegas, sabiduría de las masas; Consultoría cara a cara - añade dirección, intencionalidad. ELEMENTOS 1, 3, 5, 6

3 INGRESO DIRECTO - Reto DSI (para hacer FasTrak) & FasTrak - duplique su ingreso en 90 días ELEMENTOS 1, 2, 3; OnTrak – bases para construir un negocio exitoso

4 INGRESO DIRECTO - Talleres - a) Metas de vida b) Plan Estratégico - una empresa madura en 3a5 años c) Mapeo de Procesos d) Fecha de Madurez Empresarial. Conferencista intl. ELEMENTOS 1, 2, 3, 5, 6, 7

5 INGRESO DIRECTO - Facilitadores haciendo MM, FasTrak, Asesorías, Talleres. ELEMENTOS 1, 5, 6, 7

6 INGRESO DIRECTO - Productos y servicios online - Perfil Ápex, Plan Estratégico, Sistema Woodpile, FasTrak, y otros. ELEMENTOS 1, 2, 3, 5, 6, 7

7 INGRESO INDIRECTO - Mercadeo de relación a) Crear hinchas devotos de todos b) Venas/credibilidad/motivación/relación c) Erizo; basado en resultados; madurar empresas, ayudar con un problema d) blog/redes sociales. ELEMENTOS 1, 2, 5, 7

8 INGRESO DIRECTO - Escribir libros a) Planes Malos b) Reto 3a5 c) Por qué fallan los negocios d) Perfil Ápex. ELEMENTOS 1, 2, 5, 7

9 Lidero de la experiencia, no del conocimiento. Comunidad; Conato; Metas de vida; FME; Plan Est.; Puntos intermedios; Servir y no vender; Implementar ya, perfeccionar en el camino; basado en resultados, Etapa 6 o 7; RPH; Prioridad de lo Importante; Claridad/Esperanza/Riesgo; Momentos Trapecio. ELEMENTOS 1-7

10 En cada nueva área de la empresa, esta crecerá en el negocio, no comenzarla hasta que demuestre ser viable financieramente. ELEMENTOS 1, 2, 3, 4

PÁGINA DOS DEL PLAN ESTRATÉGICO

OBJETIVOS ANUALES, TRIMESTRALES, MENSUALES

La página dos del Plan Estratégico es muy diferente a la página uno. Está llena de cosas para medir, tablas de tiempo, números, fechas, y otros elementos que nos dicen lo que se necesita hacer y cuándo. Esta es la parte del Plan Estratégico que trae la prioridad de lo importante al presente y le da la misma urgencia que hacer dinero. Esta página es la mejor ayuda que tenemos para el rastreo dual—construir un negocio que haga dinero mañana mientras hacemos dinero hoy.

Yo reviso la sección mensual de la segunda página por 5 o 10 minutos cada semana, la sección trimestral por 60 minutos cada mes, y la anual por 1 o 2 horas cada trimestre. Es una inversión de tiempo muy pequeña y obtengo gran claridad respecto a lo que debo hacer.

¡No añada nada urgente!

Es muy importante que nada que refleje la tiranía de lo urgente aparezca en el Plan Estratégico (con muy pocas excepciones). ¿Cómo reconcemos qué es de la tiranía de lo urgente? Si la estrategia, objetivo o acción ayuda a hacer dinero en el mes que viene pero no ayuda a construir un negocio que haga dinero en el futuro, entonces no pertenece al Plan Estratégico.

Por ejemplo, digamos que el próximo mes tengo que cambiar el lugar donde dicto mis talleres. ¿Debo poner eso en la página dos del plan? No, porque esto sólo me ayuda a hacer dinero ahora. No hay nada en esa acción que me ayude a hacer dinero mientras esté de vacaciones. Pero si necesitara revisar los temas de mis talleres para ver cuáles fueron los más útiles y con la mejor asistencia, eso sí pertenece al Plan Estratégico porque me va a ayudar a hacer dinero más adelante.

Puesto que no podemos ignorar lo urgente, hay que ponerlo en alguna parte. Yo lo pongo en una lista de tareas, con prioridades A, B y C para asegurarme de que estoy haciendo las cosas más urgentes primero. Estas cosas tienden a llegar solas así que no tengo que sentarme a pensar en ellas, sólo tengo que establecer prioridades y atacarlas en ese orden.

SUS OBJETIVOS A 12 MESES
10 a 30 palabras (5 a 30 minutos cada uno)

Responde la pregunta—¿QUÉ/CUÁNDO?
(Válidos por los próximos 12 meses.)

A diferencia de la mayoría de planes de negocio, no llegamos a estos obejtivos anuales de la nada. La pregunta equivocada (y la que usualmente se usa en los planes de negocio) es, "Bueno, ¿cuánto piensan que debemos crecer el negocio este año?" La pregunta correcta es, "Con base en nuestra Fecha de Madurez Empresarial y las estrategias para hacer dinero en la página uno, ¿qué puntos intermedios debemos alcanzar este año para mantenernos en el camino?"

Respondiendo las dos preguntas más importantes—Por qué y Cuándo

Esta es la página donde respondemos esas dos preguntas y eso cambia todo lo que medimos. En lugar de crecer la empresa un 12 por ciento porque eso es lo que las empresas grandes hicieron el año pasado, tenemos razones reales, motivaciones reales, y números reales para lo que estamos haciendo. Esto es porque no estamos respondiendo un "Qué" ("¿Qué porcentaje queremos crecer?"), sino un "Por qué" ("¿Por qué necesitamos ese crecimiento específico?") y "Cuándo" ("Para mantenernos en camino a la FME, por supuesto.").

De nuevo, todo en un Plan Estratégico se relaciona con lo que viene antes. Uno de los problemas de los planes de negocio es que la visión, la misión, las estrategias y los objetivos están aislados, sin relación entre ellos, como si el objetivo fuera llenar los espacios en blanco en lugar de construir un plan significativo, intencional, e integral. La visión y la FME informan la misión, la misisón informa a las estrategias y todos estos informan a los objetivos.

Lo primero que debemos saber al hacer los objetivos es cuánto debemos crecer en el próximo año para mantenernos en el camino hacia la Fecha de Madurez Empresarial. Si la FME es cinco años desde hoy, podríamos dividirlo por cinco, pero eso es simplista. Como dice el conferencista Tony Robbins: "Sobrestimamos lo que podemos hacer en un mes y subestimamos lo que podemos hacer en un año."

Lo mismo aplica para un periodo de cinco años. El primer año no vamos a crecer tanto pero progresivamente crceremos más hasta el quinto año. Al final del primer año puede ser que sólo crezcamos el 10 por ciento de la meta a cinco años, pero en el quinto año podemos crecer un 30 por ciento y compensar la diferencia. Quemamos mucho combustible en el despegue——recordemos eso cuando decidamos qué queremos hacer en los próximos 12 meses.

Una vez tengamos el primer punto intermedio de crecimiento (no es una meta, porque sólo tenemos metas de vida), ese puede ser el primer obejtivo a 12 meses que escribamos.

Objetivos vs. Estrategias

En el Plan Estratégico, los objetivos y las estrategias son muy diferentes. Las estrategias son cómo hacemos dinero y cómo lideramos, pero no tienen formas de medirse ni números adjuntos.

Un objetivo, por el otro lado, siempre debe ser medible, teniendo en cuenta qué resultados se esperan en términos numéricos. Los objetivos responden las preguntas qué y cuándo.

Nunca usemos los objetivos como una lista de cosas urgentes que tenemos que hacer, sino que sean objetivos que nos
ayuden a crear un negocio que haga dinero mientras estemos
de vacaciones. Si el objetivo sólo sirve para hacer dinero, pero
no saca al empresario de la producción en el futuro, entonces
debe ir en la lista de cosas por hacer junto a lo urgente.

Puntos intermedios

Recordemos que los objetivos a 12 meses son puntos intermedios en el camino hacia la Fecha de Madurez Empresarial.
Cada objetivo DEBE tener una fecha para completarse (con
pocas excepciones: Si hay una medida de mantenimiento como
"Mantener un 95 por ciento de satisfacción al cliente según las
encuestas a los clientes," entonces la fecha sería "en curso"). En
la sección de los 12 meses, es recomendable que pongamos fechas
a un año desde ahora en el mayor número de objetivos.

A veces se tienen objetivos que se deben cumplir a los
nueve, siete o cinco meses. Si no caben en la sección trimestral, se ponen en la sección de 12 meses.

Estas preguntas sirven para establecer los objetivos:

- ¿Cuál es el objetivo de crecimiento para el año (lo que
  responde el "cuándo" también)?
- ¿Qué nueva infraestructura, empleados, etc. necesita?
  ¿Para cuándo?
- ¿Cuál es el punto intermedio de ingresos para cada
  producto o servicio principal? ¿Para cuándo?
- ¿Cuáles son los planes para servicio al cliente, satisfacción
  de los empleados y la comunidad? ¿Cómo se medirán
  los resultados y para cuándo se deben dar?

- ¿Qué grandes proyectos se tienen este año (escribir un libro, tener una tienda virtual etc.) y para cuándo estarán listos? ¿Cómo se medirán los resultados?
- ¿Qué procesos necesitan ser mapeados y para cuándo?
- Incrementar los márgenes de ganancia del __ % al __ % para _____ (fecha).
- Incrementar la retención de empleados del __ % por año al __ % por año para _____ (fecha).
- Adquirir la competencia para _____ (fecha).

Además tenga estas palabras en mente al escribir los objetivos:

- Proyectos específicos/tácticos (para madurar la empresa)
- Tablas de tiempo
- Números
- Medibles
- ¡Resultados!

Luego de escribir cada objetivo, repase esta lista de palabras para ver si son buenos objetivos. Puede mirar el ejemplo al final de la sección de Plan de Acción Mensual para ver cómo lo hice yo.

Correlación—¡Es muy importante!

Los objetivos deben relacionarse con cada estrategia (las cuales están numeradas del uno en adelante), asegurándonos de cubrir todas las estrategias. El ejemplo al final del capítulo muestra cómo se hace. Los Objetivos de la A a la J tienen números pequeños a la izquierda de la letra del Objetivo de acuerdo a la estrategia que le corresponde.

PLAN DE ACCIÓN TRIMESTRAL
10 a 30 palabras (5 a 15 minutos cada una)

Responde las preguntas—¿QUÉ/CUÁNDO?
(Válidas por los próximos 3 meses.)

Ahora sí vamos al grano. Las cosas importantes se están trayendo al corto plazo y están ganando urgencia. Los objetivos trimestrales deben ser fáciles de definir gracias al trabajo que se hizo con los objetivos a 12 meses.

1. Lea el primer objetivo de la lista a 12 meses y pregúntese, "¿Hay algo que tengo que hacer este trimestre para lograr este objetivo? Muchos de los objetivos a 12 meses requieren nuestra atención cada trimestre o cada mes—¡no espere hasta diciembre para empezar! Si el objetivo anual se va a demorar 12 meses, va a tener que avanzar un cuarto en el próximo trimestre.

2. Descubra cuál es la cuarta parte que puede hacer y escriba un plan de acción trimestral para ese objetivo.

3. Repita el proceso con cada uno de los objetivos anuales. No siempre habrá algo que hacer cada trimestre para cada objetivo anual, pues algunos pueden esperar— pero no espere demasiado.

4. Relacione cada acción trimestral con el objetivo anual correspondiente. No es necesario cubrir todos los objetivos.

En el ejemplo provisto, verá que se asignó un dueño para cada tarea trimestral para asegurarnos de que se haga.

PLAN DE ACCIÓN MENSUAL
10 a 30 palabras (5 a 15 minutos cada una)

Responde las preguntas—¿QUÉ/CUÁNDO?
(Válidas por un mes.)

¡La prioridad de lo importante finalmente es algo urgente! ¡Nuestra planeación ha llegado al día de hoy! Aquellas pocas cosas importantes que nos van a ayudar a construir una empresa madura ya son claras y tienen una sensación de urgencia. Ya sabemos lo que tenemos que hacer este mes para lograr lo que se necesita hacer este trimestre para completar los objetivos a 12 meses para poder estar un año y $X dólares más cerca de nuestra Fecha de Madurez Empresarial.

1. Lea el primer punto en el plan de acción trimestral y pregúntese, "¿Hay algo que tenga que hacer este mes para lograr esto? No espere hasta el tercer mes para hacer cosas del plan trimestral que se demoran tres meses. Divídalos en tres acciones mensuales.
2. Repita el proceso con todas las acciones en el plan trimestral.
3. Haga la correlación.

Imprima el Plan Estratégico y repáselo semanalmente junto con el Plan 12/3/1.

En la página siguiente está la segunda página ya completa del Plan Estratégico del Grupo Crankset.

Página Dos – Plan 12/3/1   Actualizado: 11/15/09

Objetivos a 12 meses
oct 1, 2009–sep 30, 2010

1–10	A	Incrementar ingreso de $xxx.000 en el 2008 a $xxxk para Dic. 2009, a $xxxk para Dic. 2010	9/30/10
4,8	B	Terminar libro 1 - Hacer Dinero está Matando su Negocio - Noviembre 30, 2009. Libro 2 - Planes Malos Ejecutados Violentamente... para junio 30, 2010. Libro 3 - Por qué Fallan las Empresas para Diciembre 30, 2010	12/30/10
3–6,8	C	Completar el proceso del Plan Estratégico en línea	6/30/10
2–10	D	Completar el Manual de Procesos 1) FasTrak 2) Reto DSI 3) Mastermind 4) Metas de vida 5) Taller Plan Estratégico 6) Proceso de Hinchas Devotos 7) Proceso seguimiento perfil Empresarial 8) BLI 9) OnTrak	9/30/10
4–6,8	E	Lanzar el sitio web del Plan Estratégico	6/30/10
4–6,8	F	Lanzar el sistema Woodpile en internet	12/30/10
1–10	G	Retención de clientes - mantenerlo al 98% por mes, incrementar donaciones a beneficencias en más de un 200% para 1/1/09	9/30/10
4–8	H	Lanzar el proceso del Mapeo de Procesos en internet	12/30/10

Objetivos trimestrales
Qué hacer este trimestre para completar los objetivos a 12 meses

¿Cuál de los objetivos anteriores le corresponde a cada acción? Ponga la letra del objetivo a la izquierda de la acción correspondiente.

OCTUBRE-DICIEMBRE 2009			DUEÑO	FECHA
A–B	1	Completar el borrador de "Hacer Dinero" ¡PUBLICAR!	Chuck	9/30/09
A–B	2	Apex Profile completo y ensayado. Promocionarlo.	Chuck	12/30/09
A–C, E	3	Completar todo el material escrito para la versión en línea del Plan Estratégico	Chuck	6/30/09
A,F	4	Completar la hoja con el Plan de Acción para lanzar el sistema Woodpile en línea	Diane	9/30/09
A, G	5	Añadir datos de retención de clientes a la plantilla de contabilidad mensual	Diane	6/30/09
A, H	6	Completar la hoja con el Plan de Acción para lanzar el Mapeo de Procesos en línea	Diane	12/30/09
	7	Los objetivos anuales siguen igual - D		

ACCIONES DE ESTE MES
Qué hacer este mes para completar los objetivos trimestrales

¿Cuál de las acciones anteriores le corresponde a cada acción? Ponga el número de la acción trimestral a la izquierda de la acción mensual correspondiente.

OCTUBRE

			DUEÑO	FECHA
1	(A)	Completar el borrador de "Hacer Dinero" y pasarlo a otros para que lo corrijan	Chuck	11/7/09
2	(B)	Completar nueve perfiles Apex - sacar versión beta y pasar a otros para correcciones	Chuck	11/1/09
2	(C)	Fijar fechas para la encuesta de referencia de Kevin	Diane	11/1/09
1–6	(D)	Crecer seguidores del blog y escribir semanalmente	Chuck	11/30/09
1–6	(E)	Planear charlas y conferencias fuera de Denver	Diane	11/30/09
	(F)	Revisar especificaciones para el Plan Estratégico y completar bosquejo del proyecto	Chuck	11/30/09

Hoja del Plan de Acción

Muchos de los objetivos anuales y trimestrales (y a veces algunas acciones mensuales) son tan grandes que necesitan ser divididos en partes que podamos manejar. Son más como proyectos que simples acciones.

Para estos, yo sugiero usar una hoja sencilla con un Plan de Acción. Algunas acciones van a requerir múltiples puntos intermedios durante múltiples semanas/meses—estas deben estar detalladas en la hoja del Plan de Acción. Sea selectivo, pues no todos los objetivos necesitan ser detallados en esta manera. No juegue a la oficina, ni pierda tiempo tratando de estar listo. Muévase en hacer las cosas en lugar de planear mucho cómo hacer las cosas.

Si cree que necesita la hoja con el Plan de Acción, estos puntos le pueden servir:

1. *Descripción del proyecto* (una hoja separada por proyecto)
2. *¿Cómo afecta el balance de perdidas y ganancias* (Rentabilidad sobre la inversión)?
3. *¿Cómo se mide el éxito?*
4. *Fecha*—¿exactamente cuando se va a completar (el día, no sólo el mes)?
5. *Persona responsable* (más de una persona puede estar involucrada, pero quién es el director del proyecto?)
6. *Presupuestos*—casi nunca se necesita (a menos que el proyecto requiera muchos miles de dólares)

Acción #   Fecha para completar:

HOJA DEL PLAN DE ACCIÓN
Para proyectos (no sólo acciones)

Use esta hoja para Planes de Acción con múltiples puntos intermedios sobre múltiples semanas o meses (**Proyectos**, no sólo acciones)

S.M.A.R.T Specific (específico), Measurable (medible), Achievable (realizable), Realistic (realista) y Time-Bound (limitado en tiempo, con fecha)

DESCRIPCIÓN DEL PLAN DE ACCIÓN

MAPAS DE PROCESOS PARA TODA ACTIVIDAD PRINCIPAL

Describa aquí el impacto que va a tener en la empresa el completar este proyecto, incuyendo la rentabilidad sobre la inversión.

1. Consistencia en la experiencia para clientes y empleados; 2. Facilidad para entrenar y distribuir responsabilidades; 3. Mejor rastreo del control de calidad

¿Cómo se medirá el impacto? Rentabilidad, cotizaciones, llamadas, visitas al sitio web, etc.

1. Consistencia en la experiencia para clientes y empleados; 2. Habilidad para medir el rendimiento en cada área de la empresa; 3. Mayor rentabilidad debido a mejor producción

Una vez tenga toda la información anterior, escriba los puntos intermedios individuales que componen todo el proyecto. Luego use esta hoja para asegurarse de que todo se haga a tiempo. Esos es todo, no lo complique.

PUNTOS INTERMEDIOS PARA COMPLETAR LA ACCIÓN

Pasos para lograr el objetivo	Dueño	Fecha Límite	Completado en:
❶ Mapa de Procesos y Descripciones para FasTrak	Diane	9/15/08	
❷ Mapa de Procesos y Descripciones para el Reto DSI	Chuck	10/15/08	
❸ Mapa de Procesos y Descripciones para Mastermind	Diane	8/15/08	
❹ Mapa de Procesos y Descripciones para Metas de Vida	Chuck	3/1/08	
❺ Mapa de Procesos y Descripciones para el Plan Estratégico	Chuck	2/26/08	
❻ Mapa de Procesos y Descripciones para Hinchas Devotos	Diane	6/16/08	
❼ Mapa de Procesos y Descripciones para el Apex Profile	Grant	4/15/08	
❽ Mapa de Procesos y Descripciones para BLI	Diane	7/15/08	
❾ Aplicaciones online - 1. Apex 2. Plan Estratégico 3. Woodpile	Grant	5/15/08	
❿ Mapa de Procesos Programa de Certificación de Asesores	Chuck	10/15/08	

Y si necesita planear un presupuesto para las acciones, que sea algo sencillo también.

PRESUPUESTO DEL PROYECTO

Descripción	Costo	Total	Comentarios

USANDO EL PLAN ESTRATÉGICO PARA MANEJAR SU EMPRESA

Recuerde que el Plan Estratégico es el Jefe #1. Si no se usa para tomar decisiones en la empresa cada semana y cada mes, no se está usando bien. Debe ser un documento dinámico, vivo, flexible, no un papel que se queda guardando polvo en una repisa. ¡Debe usarse todos los días para construir una empresa que haga dinero cuando estemos de vacaciones!

Semanalmente—Una vez a la semana, aparte entre 15 y 30 minutos (mi recomendación es el lunes en la mañana) para revisar su plan de acción mensual con esta pregunta en mente: "¿Qué tengo que hacer esta semana para asegurarme de que estas acciones mensuales se logren?"

Luego aparte el tiempo necesario esa semana para hacerlo— ¡ES MÁS IMPORTANTE QUE CUALQUIER OTRA COSA ESA SEMANA!

Mensualmente—Una vez al mes, extienda su tiempo de planeación estratégica semanal a una sesión entre 30 y 60 minutos. Repase los objetivos mensuales cada mes y cámbielos para asegurarse de que va a lograr sus objetivos trimestrales.

Trimestralmente—Una vez cada trimestre, extienda su tiempo de planeación estratégica semanal a una sesión entre una y cuatro horas. Repase sus objetivos a 12 meses y extiéndalos a otros 12 meses desde el presente. Este es un plan cíclico, no uno que se queda guardado hasta el año siguiente.

Anualmente—Una vez al año, revise su Visión, Misión, y Estrategias para asegurse de que el plan esté apuntando a la Fecha de Madurez Empresarial (Estrategia de Salida). Repase sus objetivos a 12 meses y extiéndalos a otro año.

He aquí un pensamiento clave:

No importa cuánto tiempo, reflexión e investigación usted ponga en el plan, nunca va a ser "bueno" si no lo empieza a aplicar. Todo supuesto "buen" plan siempre empieza a desarmarse inmediatamente se enfrenta al mundo real. Y es la retroalimentación del mundo real que lo va a convertir en un buen plan.

Deje de planear que va a planear. Termine su Plan en unas cuantas horas y comience a ejecutarlo. Al llevarlo a cabo, todo lo que pase a su alrededor le ayudará a mejorar el plan. El mejor indicador de éxito en una empresa en sus etapas iniciales no es qué tan bien se planeó o qué tan buena es la investigación de mercados o incluso qué tan bueno es el producto, sino la rapidez de ejecución. ¡Muévase! Luego perfeccione el plan a medida que se mueve.

Como dice el proverbio chino: "El mejor momento para plantar un árbol es hace 20 años. el segundo mejor momento es hoy." Deje de pensarlo, cave un hueco, y plante algo que le ayude a crecer su negocio.

Simplicidad y la prioridad de lo importante

La parte más difícil del proceso es mantenerlo sencillo y sin mucho detalle. Todo lo que nos han enseñado es a hacer las cosas tan complejas, meticulosas y detalladas como sea posible. Por eso es que los planes de negocio no funcionan, porque tienen muchas cosas para poder digerirlas. No se preocupe que va a perder detalles, pues estos van a salir a medida que se ejecute cada tarea. Escriba los detalles en otro lugar que no sea el Plan Estratégico. Puede ser la hoja con el Plan de Acción pero no el Plan Estratégico.

¡Felicitaciones! Ya tiene un Plan Estratégico de dos páginas con el que puede maejar su empresa. Úselo diarimente, repáselo semanalmente, cámbielo mensualmente y revíselo trimestralmente. Es la segunda clave para su futuro depués de las metas de vida. El Mapeo de Procesos, que veremos en el capítulo siguiente, es la tercera.

Procesos simples: el camino hacia el éxito y más

8

La mayoría de lo que llamamos administración consiste en hacer más difícil que la gente haga su trabajo.

—PETER DRUCKER

De vez en cuando, justo antes de irme a estudiar, mi mamá me decía que ibamos a cenar hamburguesas esa noche. Pero una noche, encontré pollo en la mesa. Estaba decepcionado por el cambio, lo que era tonto porque me gustaba el pollo igual que las hamburguesas, pero mamá había creado una expectativa y la había llenado con otra. Yo era un cliente irracionalmente insatisfecho, pero insatisfecho de todas formas.

Antes en el libro mencioné al agente de bien raíz que vendió una casa grande que una amiga le había referido. Ella le dia a su amiga un certificado para un fin de semana en un spa de lujo. Esa amiga le contó a una pareja de amigos y ellos también le refirieron casas. Pero el agente les regaló un certificado para una tienda elegante de cosas de baño y cocina. Los regalos tuvieron el mismo costo, pero la segunda pareja se sintió decepcionada y nunca la recomendaron a nadie.

En ambos casos, mi madre y el agente no tenían un proceso establecido para garantizar consistencia con sus clientes. No era su intención atraerlos y después cambiarles las reglas, pero al no tener un proceso establecido, habían fijado una expectativa pero dado un resultado diferente...todo con la buena intención de ser buenos padres o agentes de bien raíz.

El problema es que estaban improvisando. El primer cliente le dijo al segundo sobre su fin de semana, pero el regalo caro que le tocó al segundo cliente no le gustó—ya el agente había creado una expectativa de cómo iba a tratar a sus clientes pero luego cambió las reglas del juego por querer ser creativa. La pareja pensó que iba a recibir hamburguesas y les dieron pollo.

LA PASIÓN PUEDE SER UN OBSTÁCULO PARA EL MAPEO DE PROCESOS

Ser apasionado por lo que uno hace es grandioso para empezar un negocio, pues ayuda a pasar la etapa difícil cuando sale más dinero del que entra. Pero la misma pasión a menudo se convierte en una carga cuando tratamos de madurar la empresa.

Y es porque la pasión por el trabajo nos mantiene muy cerca de la producción—una de las razones principales por las que las empresas se estancan en etapa 4 (Estabilidad). Esa pasión también nos puede hacer sentir que nadie lo puede hacer tan bien como nosotros lo hacemos, lo que perpetúa la trampa de la etapa 4. El mapeo de procesos es una de las mejores maneras para identificar cómo la pasión nos puede perjudicar.

EL MAPEO DE PROCESOS CREA CONSISTENCIA

La gente no compra calidad sino consistencia. Ellos toman la decisión de qué nivel de calidad van a comprar antes de salir de la casa ("¿Quiero un automóvil lujoso o un auto compacto muy barato, comida rápida o langosta?"). Luego encuentran el lugar que provee el nivel de calidad con la experiencia más consistente para el cliente.

Si queremos una empresa exitosa debemos dejar de enfocarnos tanto en tener la calidad más alta y enfocarnos mejor en tener un nivel de calidad consistente. El Mapeo de Procesos es una de las claves para esa consistencia.

En su *Tercer Secreto para el Éxito de una Empresa Pequeña (son Cuatro Secretos)*, Brian Phillips dice, "Resultados consistentes vienen de acciones consitentes. Muy a menudo caemos en la función de manejo de crisis y todo se desbarata."

EDWARD DEMING—JAPÓN, 1950

Edward Deming, el padre de la satisfacción al cliente morderna, tenía una regla: "85 por ciento de la efectividad de un trabajador es determinada por el proceso en el que trabaja, y sólo un 15 por ciento por sus propias habilidades." Sólo por esta razón, las empresas de una sola persona necesitan procesos consistentes tanto como las compañías de 500 personas, y de hecho más. Sin procesos, no podemos entregar la misma calidad de trabajo vez tras vez y entrenar a otros para que lo hagan va a ser muy difícil.

> "Un sistema [proceso] es una red de componentes interdependientes que trabajan juntos para intentar lograr el objetivo del sistema. Un sistema debe tener un objetivo. Sin un objetivo, no hay sistema."
> -Edward Deming

Desde 1950 en adelante, Deming, un estadounidense, tuvo más influencia en la producción japonesa que cualquier extranjero en ese país. Fue un ídolo en Japón mucho antes de que las empresas en los Estados Unidos le prestaran atención. Deming era un arduo defensor de los procesos detallados. Uno de sus dichos famosos era, "Cada actividad y cada trabajo es parte del proceso," y al menos dos de sus famosos catorce principios de administración mencionan el Mapeo de Procesos:

- *Principio de Deming # 2*—No dependa de la inspección para alcanzar calidad. Elimine la necesidad de hacer inspecciones masivas construyendo calidad en el producto desde el comienzo.

- *Principio de Deming # 5*—Mejore constantemente y por siempre el sistema de producción y servicio para mejorar la calidad y la productividad, y por ende reducir el costo constantemente.

En 1982 Ford Motor Company contrató a Deming para transformar la compañía, pues tenía una mala reputación por baja calidad y había perdido $3 mil millones entre 1979 y 1982. Para 1986, era la compañía de autos más rentable en los Estados Unidos, y por primera vez desde los 1920's, las ganancias de Ford fueron mayores que las de General Motors. Aunque las tres compañías productoras de autos en Estados Unidos seguían en desventaja con las japonesas en una manera u otra, Ford tenía la mejor posición de las tres al comienzo de la recesión del 2008-2009.

ESO ESTÁ BIEN PARA LOS GRANDES, PERO...

Tres razones principales por las que pensamos que no necesitamos ser como Ford:

1. *Sólo las empresas grandes necesitan procesos—mi compañía es muy pequeña para necesitar tanta "organización".* ¡Incorrecto! Operar sin procesos nos hace reactivos, pero lo más importante, creamos experiencias inconsistentes para nuestros clientes, nosotros mismos y nuestros empleados cuando improvisamos.

2. *Crear procesos suena muy complicado.* Manténgalo simple—unas cuantas viñetas por cada proceso, no un manual de procedimiento detallado de 30 páginas. Sólo escriba lo que ya está haciendo y decida si lo que escribió es lo que realmente quiere que ocurra todas las veces. Si es así, ya tiene un proceso. Si no, es un pedazo de papel que se va a guardar en un cajón.

3. *No tengo tiempo.* No tiene tiempo para NO hacerlo. Entre treinta minutos y tres horas es suficiente. Si se tienen entre tres y seis procesos en la empresa, y se le dedican cuatro horas a la semana a esto, estará listo en una a cuatro semanas. Probablemente se pierde más tiempo cada mes y se pierden más clientes por la improvisación que si gastamos un mes haciendo los procesos.

PARA QUÉ CREAR NUESTROS PROCESOS

1. *Efectividad/Rentabilidad*—Un talento natural y una pasión pura no son suficientes para manejar una empresa. Se puede hacer más dinero cuando se sistematiza lo que hacemos.

2. *Consistencia*—Si cada cliente (o proveedor o empleado) tiene una experiencia diferente, se generan problemas. ¿Por qué no asegurarse de que todos tengan una misma buena experiencia siempre? La consistencia genera lealtad. La inconsistencia genera confusión y decepción.

3. *Transferencia*—Este es un factor clave para la consistencia. Cuando Tomás se va de vacaciones, o se toma un día libre o, peor aún, deja la compañía, los "procedimientos" en su cabeza dejan de existir. Un buen proceso escrito de manera sencilla puede ser seguido por la siguiente persona sin perder tiempo, especialmente si se ha entrenado a los empleados para que más de una persona sepa cómo hacerlo.

4. *Rentabilidad/RPH*—Todo esto lleva a hacer más dinero en menos tiempo.

UN DESASTRE ABSOLUTO

¿No está convencido todavía? Supongamos que Ford pierde 25 por ciento de todos sus empleados en un solo día. Eso sería desastroso para su negocio. La producción se detendría y habría un caos por semanas mientras se contrata de nuevo a los trabajadores necesarios.

Afortunadamente, ese escenario es muy poco probable para una compañía grande. Pero las compañías pequeñas lo experimentan todo el tiempo y no hacen nada al respecto. Si usted tiene cuatro empleados y uno de ellos que ha trabajado por años renuncia, usted acaba de perder el 25 por ciento de su fuerza de trabajo. ¿Qué pasa después? Usted lo reemplaza, y todos aprenden rápidamente a hacer cosas que ni siquiera sabían que se hacían. Hay un caos por semanas mientras usted entrevista, contrata y entrena a la nueva persona. Casi siempre el método de entrenamiento es así, "El cliente llamó y se quejó. Déjeme mostrarle cómo se hace eso."

"¡NO ES MI TRABAJO!"

Cuando fui vicepresidente de mercadeo y servicio al cliente en una compañía de 800 empleados, siempre tuve que batallar el problema del "trabajo solitario". La gente hacía todas las tareas en la descripción de su trabajo, así que uno no se podía quejar por su desempeño, pero aún así el rendimiento nominal y los problemas de servicio al cliente eran muy comunes.

Esto se me hizo evidente cuando traté de llegar al fondo de un problema muy visible. Se suponía que una muestra de diseño se le debía enviar al cliente por entrega inmediata pero al día siguiente el cliente llamó muy molesto diciendo que no la había recibido. Yo hablé con el Ejecutivo de Cuenta que había preparado la muestra. Ella se la había dado al Director del Proyecto, quien se la dio al Supervisor de Distribución, quien se la dio al encargado de envíos, quien llamó a FedEx para que recogiera el paquete. Encontramos el paquete en el muelle de carga.

¿Dónde estuvo el error? Sería fácil decir que fue problema de FedEx, pero es más profundo. El problema es simple—todos los involucrados habían hecho su "trabajo", pero ninguno de ellos se vio como parte de algo más grande que sus propias tareas. Esa noche, cuando sus conyugües les preguntaron, "¿Cómo fue tu día?" todo lo que pudieron decir fue, "Pues hice todo lo que decía la descripción de mi puesto de trabajo".

NO MÁS DESCRIPCIONES DE PUESTOS

El mapeo de procesos no es sólo el tiquete para bajarse de la caminadora y llevar la empresa de la etapa 1 a la 7, sino que tiene muchísimos beneficios. Uno de los mejores es que, a medida que la empresa crece y madura, los empleados verán el mundo horizontalmente y no verticalmente.

Las descripciones de puestos de trabajo, sin querer, le enseñan tres cosas a la gente:

1. *Deje de pensar, cumpla con sus tareas*
   Les enseña que el éxito significa cumplir con sus tareas y seguir ciertos parámetros estrictos en su trabajo. Esto les enseña a que dejen de pensar y que simplemente trabajen como si fueran una máquina yendo a través de una lista programada de acciones.
2. *El efecto silo*
   Puesto que las descripciones de trabajo se enfocan en un grupo estrecho de tareas que un empleado tiene que cumplir, crean un efecto "silo" para ellos y para

los departamentos. En este sentido, los empleados viven en un mundo definido verticalmente con límites reales que los separan de los demás empleados, quienes tienen tareas en sus propias listas.

3. *No hay posesión*
Puesto que viven en un mundo vertical, nunca toman posesión de su trabajo ni sienten que la empresa sea suya ni que encajan en ella.

REVERSANDO EL DAÑO HECHO POR LAS DESCRIPCIONES DE TRABAJO

El mapeo de procesos puede ayudar a todos en una empresa a superar estos problemas. Un mapa de procesos sencillo le mostrará a alguien que ellos no tienen simplemente un trabajo, sino que encajan en un proceso con otras personas. Una visión horizontal del mundo, en el que son una parte importante de un todo más grande, reemplaza al mundo vertical. Al empleado se le anima a pensar y tomar posesión del proceso, no sólo de sus tareas.

Si hubiéramos hecho un mapa de procesos antes del desastre con FedEx, sería algo así: El Ejecutivo de Cuenta le da el paquete de FedEx al Director del Proyecto y le pide un correo electrónico confirmando que FedEx lo recogió, junto con un número de rastreo. El Director del Proyecto le da el paquete al Supervisor de Distribución y le pide que le envíe la confirmación al Ejecutivo de Cuenta, con copia a él, antes de las 5 p.m. El Supervisor de Distribución le pide al encargado de envíos que le copie a todos en el correo antes de las 5 p.m., y que lo llame si FedEx no recoge el paquete.

A las 5 p.m. o un poco después, una o más de estas personas que no recibieron el correo del encargado de envíos habrá llamado o ido a ver qué pasó. Hubieran encontrado el paquete y hubieran conducido hasta una oficina de FedEx para dejar el paquete durante su camino a casa. Este es un resultado muy diferente al que ocurrió en realidad porque ahora todos están enfocados en la pregunta correcta. En lugar de "¿Hice mi trabajo hoy?" como está en la descripción del puesto, ellos habrían visto un mapa horizontal del proceso en sus mentes y se hubieran preguntado, "¿Satisfice a mis colegas—los clientes con los que trabajo? ¿Van a querer trabajar conmigo otra vez?"

TODAS LAS COSAS BUENAS

En resumen, el mapeo de procesos no sólo saca las cosas de la cabeza y las pone en papel, creando un proceso repetible y sacándonos de la producción, pero también le enseña a la gente que el resultado es más importante que simplemente limitarse a una lista predeterminada de tareas. El resultado es una visión horizontal del mundo en la que el empleado siente pertenencia y posesión, se enfoca en el cliente, y puede entregar una experiencia consistente a sus clientes internos y externos, todos los días.

COMIENCE—NUNCA ES MUY TEMPRANO

Muy pocas compañías empiezan a trabajar en sus procesos hasta mucho después de que lo necesitan, lo que las pone en desventaja.

Los mejores procesos van a ser fáciles de expandir a medida que la compañía crece y más procesos y procedimientos son necesarios. Si necesita deshacerse de los procesos con los que empezó en vez de ajustarlos o expandirlos, es porque no eran los procesos correctos con los que se debió empezar.

Para empezar, sólo haga un mapa de los procesos más importantes para cumplir con la misión. Y que sean sencillos.

Yo uso PowerPoint para crear los cuadros para cada paso en el proceso. También se puede usar una plantilla, un procesador de palabras, o una hoja grande de papel. Luego hablaremos de esto en más detalle, pero he aquí un ejemplo rápido de la compañía de Bill Weston, Jardinería Weston, con tres empleados de tiempo completo y una docena de empleados de medio tiempo:

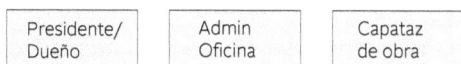

Presidente/ Dueño	Admin Oficina	Capataz de obra

EJEMPLO DE UN MACRO PROCESO
RESPONSABILIDADES EXISTENTES

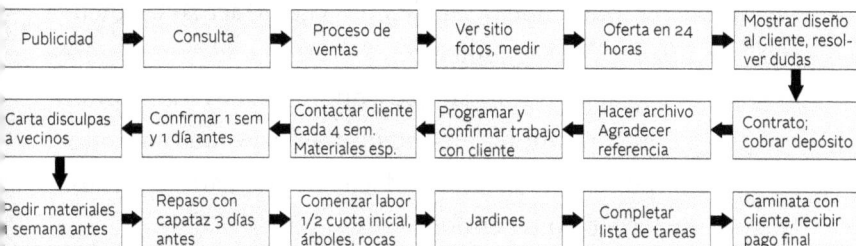

Publicidad	Consulta	Proceso de ventas	Ver sitio fotos, medir	Oferta en 24 horas	Mostrar diseño al cliente, resolver dudas
Carta disculpas a vecinos	Confirmar 1 sem y 1 día antes	Contactar cliente cada 4 sem. Materiales esp.	Programar y confirmar trabajo con cliente	Hacer archivo Agradecer referencia	Contrato; cobrar depósito
Pedir materiales 1 semana antes	Repaso con capataz 3 días antes	Comenzar labor 1/2 cuota inicial, árboles, rocas	Jardines	Completar lista de tareas	Caminata con cliente, recibir pago final

EL MACRO PROCESO

El anterior es un mapa de procesos para una empresa de jardinería, lo que significa que es una visión muy general de todo su negocio. Si su Macro Proceso tiene más de 20 a 30 cuadros ya tiene mucho detalle. Manténgalo sencillo.

El Macro Proceso es el primer mapa de procesos que se

debe crear. Cualquier otro que se haga va a fluir de este, y también va a ser la mejor herramienta para ayudar a que los nuevos empleados entiendan su negocio y, lo más importante, cómo encajan en todo el proceso. Un Macro Proceso eliminará el silo y creará un ambiente de trabajo horizontal desde el principio.

Para saber cuál es su Macro Proceso, pregúntese: ¿Cuál es el proceso que usamos para llevarle nuestro producto o servicio al cliente?

Haga un mapa de todo el proceso de su compañía (muy general y sencillo), desde mercadeo y ventas (o como quiera que empiece el proceso), a través de operaciones y entrega, contabilidad y cobros, hasta satisfacción del cliente. Incluya todo desde el comienzo del proceso de mercadeo de la compañía hasta lo último que se hace para completar el proceso, como depositar un cheque en el banco, enviar una nota de agradecimiento, o poner a alguien (un cliente actual o potencial) en una lista de seguimiento.

De nuevo, manténgalo simple y que los títulos sean cortos.

Si se tienen múltiples productos o servicios que son muy diferentes, podrían crearse dos Macro Mapas para cubrirlos, pero es preferible no tener dos.

Una vez el Macro Mapa esté terminado, no antes, se pueden crear entre tres y cinco mapas para otros procesos derivados.

PROCESOS QUE COMUNMENTE SE NECESITAN

Cuando se terminen el Macro Proceso y los otros procesos principales, una compañía que genere menos de $2-3 millones de dólares al año y con menos de 20 empleados, no debe tener más de 10 páginas en total para todos sus mapas de procesos. En la siguiente lista hay unos que pueden ser necesarios. Recomiendo que haga los primeros cuatro o cinco lo más rápido posible. Luego, puede comenzar a hacer los otros durante el año siguiente si es que los necesita.

- Macro Mapa (desde el mercadeo hasta las operaciones, contabilidad y seguimiento)
- Desarrollo del Negocio (mercadeo, ventas, investigación)
- Operaciones/Entrega (entrega del producto o servicio, manufactura, etc.)
- Contabilidad (procesos de facturación y cobros, etc.)
- Administración—administración de la oficina, de la producción y las finanzas
- Satisfacción del cliente
- Relaciones con los empleados
- Manejo de proveedores
- Envíos y cumplimiento
- Adquisición
- Subcontrataciones

Si una empresa pequeña tiene más de seis mapas de procesos, probablemente está jugando a la oficina. Sí, todo necesita mapas, pero se debe balancear el tiempo invertido en mapas de cosas que no generan ingresos con la necesidad de construir un negocio que los genere. Se pueden heacer más procesos cuando haya el tiempo y el dinero en el futuro. Eventualmente, se deben tener mapas de toda la compañía. Pero no desde el principio, y no para actividades que no se están haciendo.

LA PARTICIPACIÓN CREA SENTIDO DE POSESIÓN

Yo creo firmemente en este principio de liderazgo: Aquellos que son más afectados por una decisión deben tener la mayor contribución. Eso no significa que ellos van a tomar la decisión, pero sería irracional no preguntarles lo que sería mejor.

Por eso, si se tiene empleados no se deben hacer los mapas de los Macro Proceos sin su participación. La idea es que todos lo hagan por separado y luego se reunan para hacer un mapa basado en los de todos. Así se captará todo porque diferentes personas entienden mejor diferentes partes del proceso. Y lo más importante, se creará un sentido de posesión del mapa final en aquellos que más lo van a usar.

INVERSIÓN DE TIEMPO—CORTO Y SENCILLO

Crear el mapa del Macro Proceso de todo el negocio debe tomar entre 15 y 45 minutos. No tiene que ser perfecto la primera vez, pues es más fácil completarlo y luego arreglarlo. A los empleados les puede tomar más tiempo pero no mucho.

Cómo Hacer un Mapa de Procesos

Una vez terminado el mapa del Macro Proceso, se puede decidir qué partes se necesitan como procesos separados. Algunos subprocesos comunes son Desarrollo del Negocio, Operaciones, Contabilidad y Satisfacción del Cliente (uno que se suele ignorar).

Primer Paso—Escriba cada paso principal en el Macro Proceso

El mapa de procesos es muy sencillo: ¿Cuál es la primera cosa en el proceso, cuáles son los pasos principales en el medio, y cuál es la última cosa en el proceso? Estos definen qué tan largo y amplio es el mapa de procesos.

Comience en la parte de abajo de la hoja escribiendo lo último en el proceso. Por experiencia puedo decir que lo que escribió no es realmente lo último, pero luego lo arreglamos.

Luego de escribir el útimo paso, pregúntese qué pasa antes de eso, y siga así hasta que no haya nada que pase antes. La tendencia es hacer un mapa sólo de la parte de producción, pero hay que incluir cosas como publicidad o mercadeo, depositar el cheque en el banco, enviar una nota de agradecimiento, y cosas similares en ambos lados de las operaciones. Mire el ejemplo, pero tenga en cuenta que no representa el mejor mapa—pues tal cosa no existe. Sólo intente capturar su proceso en un mapa de la mejor manera posible.

¿Por qué hacia atrás? Porque estamos tan familiarizados con nuestros procesos que es más probable que nos saltemos algo si lo hacemos desde el principio. Haciéndolo así nos obliga a hacerlo más despacio y ser más inclusivos.

Amplitud

Sólo se deben incluir pasos que no se puedan incluir en otro paso más amplio. Por ejemplo, alguien que hace sillas va a querer poner cada paso que toma cuando hace una silla. Pero este mapa no es el lugar para tanto detalle. Basta con un paso que diga "hacer la silla" y continuar. Se puede crear un subproceso de cómo hacer la silla después que va a ser extremadamente valioso para entrenar a otros que vayan a hacer sillas. Y para el Macro Proceso, publicidad, mercadeo, promoción y relaciones públicas pueden agruparse en un solo paso llamado Mercadeo.

Excepciones

Uno de los muchos beneficios del mapeo de procesos es que puede resaltar las partes de los procesos que necesitan más atención, ya sea porque no se ha entrenado bien a quienes las hacen, o son difíciles, o porque son extremadamente importantes.

Un empresario que no tenía ayuda en el área administrativa hizo un cuadro que decía "Depositar cheque en el banco", porque resaltaba la necesidad de monetizar todo lo que hacían. Fácilmente hubiera podido llamar este paso "Facturación" o algo similar, pero este empresario tenía una debilidad a la hora de cobrar por su trabajo, así que era indispensable resaltarlo.

Los empleados deben hacerlo separadamente

Como lo dije antes, si se tiene empleados, los más claves deben hacer su versión del Macro Proceso y luego reunirse para crear un mapa maestro basado en los demás. Esto genera una buena discusión o revela aún más qué pasos nos saltamos, con el potencial de ser una reunión muy productiva para todos.

Haga un mapa del presente, no del futuro

No haga un mapa del futuro primero, sino de la realidad— haga primero lo que ya está haciendo para poder decidir cómo quiere que sea el proceso en el futuro. Es muy importante enfrentar la realidad ahora, y va a ser muy motivante después cuando miremos dónde estábamos.

Sí, es así de sencillo

A menudo mis clientes me preguntan si eso es todo lo que se necesita para hacer un Mapa de Procesos y si para eso me pagaron. La respuesta es sí, al menos por ahora. Luego veremos otros pasos en el proceso que son igual de sencillos. El mapeo de procesos tiene un gran impacto en empresas de cualquier tamaño.

Segundo Paso—Lista de subprocesos

Antes de pulir el Macro Proceso, se debe hacer una lista corta de subprocesos potenciales que necesitan un mapa, generalmente algunos de los siete elementos del capítulo 5 como Desarrollo del Negocio, Operaciones y Administración Financiera. Yo sugiero uno aparte para Satisfacción del Cliente porque es a menudo ignorado a pesar de ser, de lejos, la mejor fuente de ingresos en el futuro. Estos son los elementos:

1. Visión & Liderazgo (misión, visión, principios)
2. Desarrollo del negocio (ventas, mercadeo, investigación)
3. Operaciones & Entrega (elabore un proceso que resulte en una experiencia consistente)
4. Administración Financiera (mejore el flujo de caja y las ganancias con sólo prestarle atención)
5. Satisfacción del Cliente (casi nadie tiene un proceso)
6. Satisfacción del Empleado (trátelos como los número 1 y así tratarán ellos a los clientes)
7. Comunidad, Familia, Personal (¿cómo impacta la empresa al mundo alrededor?)

No juegue a la oficina

Hay que resistir la tentación de hacer más mapas de los necesarios a menos de que sea para elementos críticos para la misión y que generan ingresos directos. Muchos mapas terminan en un manual de entrenamiento que nunca se va a usar.

Tercer Paso—Mapa de los subprocesos

Una vez decidido qué subprocesos necesitan un mapa, los empleados involucrados deben hacer su propia versión y el dueño hace la suya. Luego se combinan para crear el primer borrador de esos procesos.

Cuarto Paso—Prueba de campo

Los empleados deben tener el mapa de procesos completo junto a ellos por una o dos semanas y mirarlo cada vez que vayan a través del proceso o al final del día, para asegurarse de que el mapa refleja lo que en realidad están haciendo.

Quinto Paso—Completar juntos el Macro Proceso y los subprocesos

Ya habiendo vivido con los mapas por un par de semanas, es hora de reunirse como equipo y finalizar el Macro Proceso. Luego el dueño se reune con los encargados de cada subproceso para finalizarlos a su vez.

Es una gran idea considerar las reacciones de otros que no son directamente responsables de los subprocesos pero que se pueden ver afectados por ellos. Es una manera de darse cuenta de por qué las cosas no funcionan como deberían.

Cree una copia limpia en un programa de computador o algo más formal que una hoja de papel escrita a mano. No tiene que ser un diseño elegante, pero algo que sea claro.

Sexto Paso—Asignando los cuadros

Usando diferentes colores o formas geométricas, se debe asignar cada cuadro o figura en el mapa a los empleados dependiendo de quién está a cargo de ese cuadro. La persona responsable por el cuadro no es necesariamente la que hace el trabajo, sino la que es responsable de que se haga. Los cuadros deben ser de la gente en todos los niveles de la organización y no sólo de los jefes. Los administradores no deben tener cuadros relacionados con la producción, si es posible.

Evidencia de la caminadora—Etapa 4 por siempre

Cuando Bill Weston vio por primera vez el Macro Proceso de su compañía, tuvo la misma reacción que usted va a tener cuando termine el suyo. Va a ver gráficamente por qué usted siente que nunca puede alejarse de la empresa sin que algo salga mal. Si su empresa es muy pequeña, este proceso le va a causar náuseas porque es muy probable que, como el dueño, usted sea el responsable de demasiados cuadros, tal como Bill.

En la página siguiente está el Macro Mapa de Jardinería Weston antes de que arregláramos las cosas. Es bastante típico de las empresas pequeñas y muestra claramente por qué hacer dinero mata negocios.

Este es el primer paso para salir de la Etapa 4 (Estabilidad) a la Etapa 5 (Éxito) y construir un negocio que haga dinero mientras estamos de vacaciones. Viendo un color (nuestro color) en tantos cuadros nos debe motivar a descubrir cómo salirnos de las funciones que no están en nuestro nivel salarial.

Aquí nos empezamos a mover de un negocio en etapa 4 que depende del dueño para la producción a un negocio en etapa 5 que tiene procesos establecidos para que otros puedan manejar la producción en lugar del dueño.

Presidente/ Dueño — Admin Oficina — Capataz de obra

EJEMPLO DE UN MACRO PROCESO
RESPONSABILIDADES EXISTENTES

Publicidad	Consulta	Proceso de ventas	Ver sitio fotos, medir	Oferta en 24 horas	Mostrar diseño al cliente, resolver dudas
Carta disculpas a vecinos	Confirmar 1 sem y 1 día antes	Contactar cliente cada 4 sem. Materiales esp.	Programar y confirmar trabajo con cliente	Hacer archivo Agradecer referencia	Contrato; cobrar depósito
Pedir materiales 1 semana antes	Repaso con capataz 3 días antes	Comenzar labor 1/2 cuota inicial, árboles, rocas	Jardines	Completar lista de tareas	Caminata con cliente, recibir pago final

Séptimo Paso—Asigne un nivel salarial a cada cuadro

Antes de arreglar el mapa, debemos hacer algo más—mire cada cuadro como un trabajo de 40 horas a la semana en una compañía grande y pregúntese, "¿Cuánto le pagaría a alguien por hacer esto?" Ponga el salario por hora en ese cuadro. Luego acuéstese porque le van a dar náuseas de nuevo al ver cuánto tiempo y dinero usted gasta haciendo cosas que otros deberían estar haciendo y que lo harían con gusto.

Presidente/ Dueño — Admin Oficina — Capataz de obra

EJEMPLO DE UN MACRO PROCESO
COSTO POR HORA POR TAREAS

$12	$12	$150	$150	$8	$35
Publicidad	Consulta	Proceso de ventas	Ver sitio fotos, medir	Oferta en 24 horas	Mostrar diseño al cliente, resolver dudas
$8	$8	$8	$12	$8	$12/150
Carta disculpas a vecinos	Confirmar 1 sem y 1 día antes	Contactar cliente cada 4 sem. Materiales esp.	Programar y confirmar trabajo con cliente	Hacer archivo Agradecer referencia	Contrato; cobrar depósito
$23	$12/150/23	$12/150/23	$12	$13/23	$23/150
Pedir materiales 1 semana antes	Repaso con capataz 3 días antes	Comenzar labor 1/2 cuota inicial, árboles, rocas	Jardines	Completar lista de tareas	Caminata con cliente, recibir pago final

Usted es un empleado que trabaja por horas—siempre debe pensar así de usted mismo. Si usted hace $100.000 dólares al año pero trabaja 70 horas a la semana para ganarlos, su salario por hora es muy bajito. No mire cuánto gana anual o mensualmente, sino cuánto está haciendo por hora.

En una empresa pequeña, verá cuántos trabajos de $10 a $20 por hora usted está haciendo y que deberían ser hechos por alguien más. Es casi seguro que entre el 50 y el 90 por ciento de sus cuadros están muy por debajo de su salario por hora.

¡Pero estoy ahorrando dinero!

Esto parece ser cierto en la superficie. La mayoría de nosotros cometemos el error de pensar que si hacemos el trabajo de $20 por hora nosotros mismos por tres horas, nos habremos ahorrado $60 que le hubiéramos tenido que pagar a alguien más. Pero si quisiéramos hacer $150 por hora, acabamos de perder $390 durante esas tres horas.

Si alguien más hiciera el trabajo de $20 por hora, y usted estuviera libre para hacer el trabajo de $150 por hora, como generar nuevas ventas, usted podría haber hecho $450 mientras gastaba $60 en alguien más—un neto de $390.

Deje de ser tacaño—El Mapeo de Procesos nos ayuda a ver lo tonto que es hacer negocios de esa manera. Tome el pequeño riesgo de contratar a alguien más para que usted se pueda bajar de la caminadora.

Un líder internacional muy sabio, Dawson Trotman, dijo: "¿Por qué hacer lo que otros pueden y quieren hacer, cuando hay tanto para hacer que otros no pueden o no quieren hacer?" ¿Cuál es el mejor y más alto uso de su tiempo? Haga eso, y deje que otros hagan lo que es mejor con el tiempo de ellos.

Octavo Paso—Mapa de lo que debe ser

Ahora hagamos una redistribución de responsabilidades para crear el mejor y más alto uso del tiempo de todos. Se trata de Rendimiento Por Hora (RPH), de hacer más dinero en menos tiempo, aumentando su salario por hora con cada paso.

Primero, escoja los cuadros de los que se quiere deshacer primero y encuentre el color de otra persona para ponerlo ahí. ¿Todavía piensa que es muy pequeño para contratar a una administradora por 40 horas a la semana? Las Asistentes Virtuales son perfectas para empezar—puede contratar a una por una hora o por 20 horas a la semana.

Haga lo mismo para cada empleado—si ve empleados que tienen cuadros con salarios mayores o menores al nivel que les corresponde, mueva esa función a la persona apropiada.

Una vez usted y sus empleados tengan la confianza de que el mapa refleja la realidad, piensen en cómo debería ser el proceso idealmente. Pero esto no es posible a menos que se haga un mapa de la realidad. Sin saber cómo es el ahora, no podemos imaginar el después.

¡Etapa 5, éxito!

Así es como Jardinería Weston se veía una vez terminamos el mapa de procesos. Note que añadimos una cuarta persona, la Asistente Virtual, y cómo el dueño pasó de quince cuadros a cuatro. Bill Weston estaba extático—por primera vez en once años del negocio, Bill podía ver una forma de bajarse de la caminadora. Tenía un tiquete para la etapa 5 (Éxito) y estaba emocionado por llegar allá en unos cuantos meses.

Como resultado de este proceso tan sencillo, Bill estaba a punto de experimentar lo que muy pocos empresarios llegan a experimentar—un negocio normal, no uno mediocre: Un negocio donde el dueño no es empleado de sí mismo y que hace dinero mientras él está de vacaciones.

Presidente/ Dueño	Admin Oficina	Capataz de obra	Asistente Virtual

EJEMPLO DE UN MACRO PROCESO
RESPONSABILIDADES REDISTRIBUIDAS

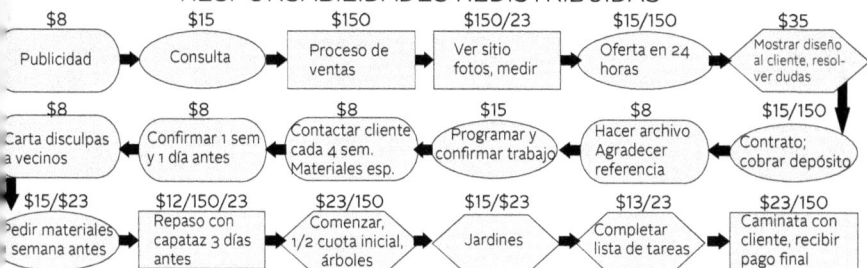

$8	$15	$150	$150/23	$15/150	$35
Publicidad	Consulta	Proceso de ventas	Ver sitio fotos, medir	Oferta en 24 horas	Mostrar diseño al cliente, resolver dudas

$8	$8	$8	$15	$8	$15/150
Carta disculpas a vecinos	Confirmar 1 sem y 1 día antes	Contactar cliente cada 4 sem. Materiales esp.	Programar y confirmar trabajo	Hacer archivo Agradecer referencia	Contrato; cobrar depósito

$15/$23	$12/150/23	$23/150	$15/$23	$13/23	$23/150
Pedir materiales 1 semana antes	Repaso con capataz 3 días antes	Comenzar, 1/2 cuota inicial, árboles	Jardines	Completar lista de tareas	Caminata con cliente, recibir pago final

Noveno Paso—Asigne un código de referencia a cada cuadro

Se van a necesitar códigos de referencia si se tienen más de tres mapas de procesos. Estos también van a servir para completar el décimo paso, que es el proceso de descripción detrás del mapa de procesos.

Yo uso un código alfanumérico sencillo. Si el proceso es "Desarrollo del Negocio," etiqueto cada cuadro consecutivamente "DN1, DN2, DN3," etc. Si es el proceso de "Contabilidad Diaria", entonces es CD1, CD2, y demás.

| Presidente/ Dueño | Admin Oficina | Capataz de obra | Asistente Virtual |

EJEMPLO DE UN MACRO PROCESO
CON CÓDIGOS PARA PROCESOS DETALLADOS

$8	$15	$150	$150/23	$15/150	$35
Publicidad	Consulta	Proceso de ventas	Ver sitio fotos, medir	Oferta en 24 horas	Mostrar diseño al cliente, resolver dudas
MP1	MP2	MP3	MP4	MP5	MP6

$8	$8	$8	$15	$8	$15/150
Carta disculpas a vecinos	Confirmar 1 sem y 1 día antes	Contactar cliente cada 4 sem. Materiales esp.	Programar y confirmar trabajo	Hacer archivo Agradecer referencia	Contrato; cobrar depósito
MP12	MP11	MP10	MP9	MP8	MP7

$15/$23	$12/150/23	$23/150	$15/$23	$13/23	$23/150
Pedir materiales 1 semana antes	Repaso con capataz 3 días antes	Comenzar, 1/2 cuota inicial, árboles	Jardines	Completar lista de tareas	Caminata con cliente, recibir pago final
MP13	MP14	MP15	MP16	MP17	MP18

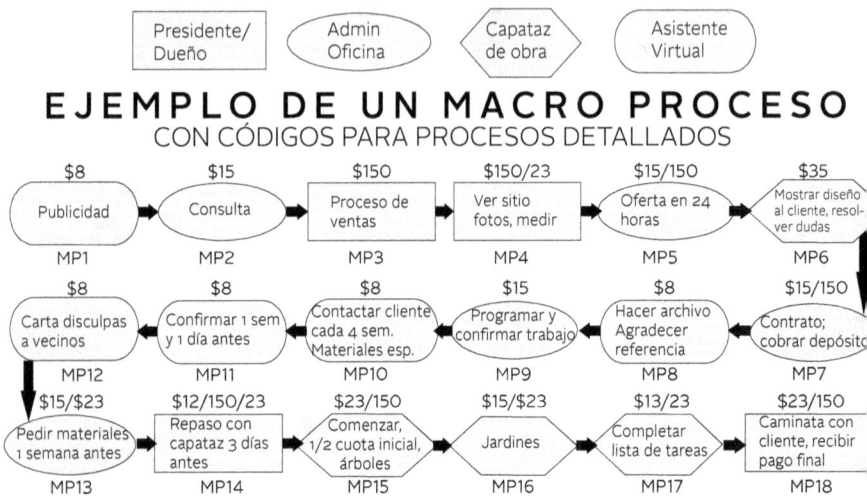

Décimo Paso—Descripciones de procesos

Estamos reemplazando descripciones de puestos de trabajo, mauales gruesos y sin usar, con mapas de procesos prácticos. Para hacer eso, necesitamos que cada persona responsable por un cuadro en el proceso pueda llevar a cabo esa responsabilidad de la misma manera todo el tiempo, y que le enseñe a otros como hacerlo de manera sencilla.

Una vez terminado el mapa de procesos, mire cada cuadro individualmente y pregúntese, "¿Puede alguien hacer esto sin más instrucciones?" En algunos casos podrían, pero en la mayoría de casos no. Ahí es donde vienen las descripciones de procesos.

Para cada cuadro, simplemente escriba el proceso para cada cuadro en una hoja separada. No se olvide de usar el código de referencia correspondiente.

Por ejemplo, este es un mapa de procesos real para la contabilidad de Tapetes Silas, una tienda de tapetes y pisos:

CONTABILIDAD - DIARIA

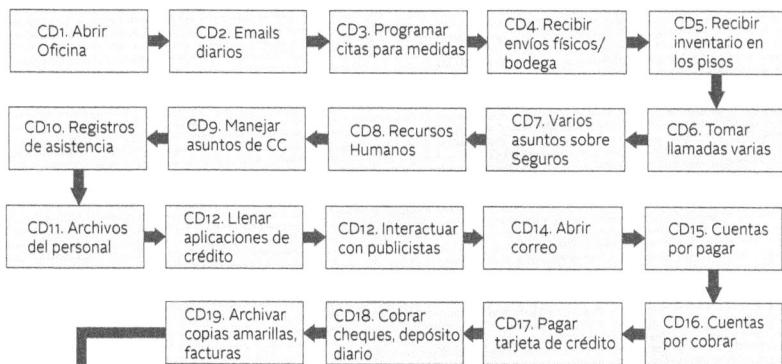

CD1. Abrir Oficina	CD2. Emails diarios	CD3. Programar citas para medidas	CD4. Recibir envíos físicos/ bodega	CD5. Recibir inventario en los pisos
CD10. Registros de asistencia	CD9. Manejar asuntos de CC	CD8. Recursos Humanos	CD7. Varios asuntos sobre Seguros	CD6. Tomar llamadas varias
CD11. Archivos del personal	CD12. Llenar aplicaciones de crédito	CD12. Interactuar con publicistas	CD14. Abrir correo	CD15. Cuentas por pagar
	CD19. Archivar copias amarillas, facturas	CD18. Cobrar cheques, depósito diario	CD17. Pagar tarjeta de crédito	CD16. Cuentas por cobrar

Miremos "CD3. Programar citas para medidas." Con esa frase, sólo la persona en Tapetes Silas responsable por ese cuadro sabría exactamente qué hacer. Entonces escribimos una descripción del proceso que detalla lo que pasa en ese cuadro. En la página siguiente se puede ver parcialmente la descripción del proceso y allí está el mismo título, "CD3. Programar citas para medidas", y los detalles de lo que eso significa.

El valor de ambos documentos, el mapa de procesos y la descripción de los procesos, es evidente cuando Margarita, la encargada de contabilidad, se toma unos días de vacaciones. Ella puede entrenar a alguien rápidamente porque no tiene que acordarse de cada paso, lo que sería muy difícil porque ella lo hace naturalmente, sin pensarlo. Y la persona que reemplace a Margarita va a tener los documentos como referencia para cuando lo necesite.

DESCRIPCIONES DE LOS PROCESOS DE CONTABILIDAD
(Contablidad Diaria -CD)

CD1. Abrir Oficina -- Dueño : Contador
- Abrir la puerta y prender las luces
- Fichar
- Hacer café, sacar galletas y guardar platos lavados
- Vaciar la basura de la cocina, escritorios y baños
- Aspirar alfombras si es necesario
- Sacar los globos

CD2. Emails Diarios -- Dueño : Contador
- Ir a Outlook Express bajo la pestaña de "Correo"
- Revisar correos y responder

CD3. Programar citas para medidas -- Dueño : Contador
- Clientes llaman a menudo para programar una medida o "cotización" para su trabajo
- Si es un cliente nuevo, informarle de la tarifa de $35 por la medida
- Ir a Outlook Express, abrir carpetas públicas, abrir el calendario de Juan
- Generalmente, Juan hace medidas lunes y jueves
- Preguntar al cliente qué día y hora es mejor
- Dar clic en esa hora en el calendario de Juan
- En la primera línea, escribir "medida" (tapete, baldosa, madera, etc.), el nombre y teléfono del cliente
- En la siguiente línea, escribir la dirección y el signo "~" y sus iniciales
- Programar al menos una hora para la medida y más tiempo si es muy lejos o más de una habitación
- Si se requiere cobrar la tarifa de medida, vaya a PISOS y prepare una factura por los $35
- Haga una copia verde y una blanca de la factura. La verde es para Carla y la blanca para el cliente
- Llene una hoja de medidas con los datos del cliente
- Ir a maps.google.com y buscar la dirección del cliente. Ponerla como destino y la dirección nuestra como inicio. Imprimir mapa.
- Juntar la hoja de medida, el mapa y la factura y ponerlas en el archivo de medidas de Carla

Descubra lo que está haciendo y sáquelo de su cabeza

Para cada uno de los siete elementos en el capítulo 5, pregúntese:

1. ¿Cuál es el proceso que sigo ahora para cada elemento? (Usted tiene uno, ya sea bien pensado o no.) Escríbalo.

2. ¿Qué partes de ese proceso funcionan bien y cuáles no? Mantenga lo que funciona bien, y haga un primer intento en arreglar lo que no funciona. No gaste horas o días pensándolo. Sólo cámbielo. La

única manera de saber si la nueva idea funciona es intentándola. Y si no, se cambia de nuevo hasta que se encuentre el proceso correcto. Como ya está mal para empezar, estos pequeños "experimentos" no harán daño pero conducirán a un mejor proceso.

3. Involucre a otros. Cree posesión pidiéndole a los empleados que hagan un mapa del proceso que más afectará su trabajo. Puede que ellos sepan más que usted.

4. El mapa de cada elemento no debe ser de más de una hoja. Resista la tentación de escribir un Manual de Operaciones que nunca se va a usar. Algunos procesos se llevarán menos de media página. Tal vez uno de los siete elementos se lleve una página entera, pero intente que sean siete o menos pasos por proceso.

5. Priorice los que son más difíciles para usted. Obtenga ayuda externa si es posible. De otra manera, usted va a tener que aguantarse y hacerlos funcionar junto con los elementos que disfruta. Si no lo hace, el negocio será su dueño. Cuando los siete elementos estén funcionando ya podrá ser el verdadero dueño de la empresa y bajarse de la caminadora.

Manteniendo los procesos vivos

No se pueden crear los procesos y luego ignorarse. Lo más fácil de hacer es organizar una reunión trimestral de 30 minutos con el responsable de cada proceso para que presenten actualizaciones, revisiones, etc. que fueron necesarias como resultado de los cambios en la empresa. Es el trabajo del dueño cuestionar esos cambios (o la falta de cambios) para asegurarse de que los procesos sigan siendo relevantes.

Haga que los empleados cuelguen el mapa de procesos en su pared y tengan la descripción de procesos en sus escritorios, para que comparen su trabajo con lo que está escrito y sugieran los cambios necesarios para que siempre esté actualizado. El mantener estos procesos actualizados va a evitar muchos problemas e incrementa la valorización de la compañía.

Vale la pensa mencionar de nuevo que Edward Deming dijo que el 85 por ciento de la efectividad de un trabajador está determinada por el proceso en el que trabaja y sólo el 15 por ciento por sus propias habilidades. ¿Qué tan bien definidos están sus procesos? Unos buenos procesos nos bajarán de la caminadora.

Mantenga los procesos visibles

Imprima una copia grande de su Macro Proceso y póngala en la sala de descanso, en las oficinas y en el área de producción. Haga lo mismo con los subprocesos individuales.

Lamine una copia pequeña para su billetera y discútala con sus empleados. Los mapas de procesos deben ser parte de la vida diaria de la compañía.

Revise y haga correciones cada trimestre para que estén actualizados y deje que estos documentos manejen la empresa.

HACER DINERO ESTÁ MATANDO SU NEGOCIO

Nada demuestra el efecto de la caminadora en las primeras cuatro etapas de una empresa como el Mapeo de Procesos. La mayoría de empresarios nunca se baja de la caminadora porque nunca miran objetivamente lo que están haciendo y no se dan cuenta de que son empleados de sí mismos, que ellos no son realmente los dueños de la empresa, sino que la empresa es dueña de ellos.

Tome las horas necesarias para hacer el mapa de procesos de su empresa para ver gráficamente lo que usted ha creado, cómo lo puede arreglar, y moverse a la etapa 5 (Éxito) y más allá. En el próximo capítulo veremos por qué tan pocos empresarios toman estos pasos tan sencillos para bajarse de la caminadora.

Por qué tan pocos tienen tanto

9

O vivimos en un mundo de abundancia o en un mundo de escasez. Lo que escojamos va a tener un efecto en todas nuestras decisiones.

—CHUCK BLAKEMAN
DE UNA IDEA DE BENJAMIN ZANDER

Compartí el Perfil Ápex con la dueña de una tienda con siete empleados, quien estaba pasando por un mal momento, apenas cubriendo sus gastos por los últimos dos años. Su respuesta fue, "¿Dónde estaba esto hace dos años? Me hubiera ahorrado muchísimo dolor y problemas en mi negocio."

Otro empresario vino a mi después de un taller y dijo, "Me hubiera gustado saber esto hace cuatro semanas. Perdí a mi mejor administradora ayer y ya sé por qué. Voy a disculparme con ella y tratar de convencerla que regrese. Creo que ya sé cómo trabajar con ella para que ambos seamos exitosos."

Hace un tiempo escuché una entrevista radial con un reconocido hombre de negocios en los Estados Unidos que dijo que sólo el 3 por ciento de los empresarios controla el 84 por ciento de todo el ingreso en el mercado. El otro 97 por ciento se pelea por tener un pequeño pedazo del 16 por ciento restante.

¿Por qué tan pocos empresarios tienen muchísimo más que la mayoría? ¿Es porque esos pocos tienen talentos especiales? No lo creo. Es fácil encontrar gente talentosa, pero muchos de ellos son pobres, trabajando como artesanos en un negocio en etapa 3 o 4, cobrando una miseria por su trabajo y apenas sobreviviendo. El talento no es lo que hace la diferencia.

¿Tienen una ética de trabajo más fuerte? No lo creo. He trabajado con muchos empresarios que son trabajadores duros y muy dedicados, pero sus empresas están en etapa 3 o 4 y ellos nunca pasan de ser los productores en su negocio.

Hay muchas otras habilidades que los que tienen y los que no tienen comparten. Pero he visto tres atributos en la mayoría de los empresarios que son muy exitosos y que los demás no poseen: Visión para su negocio, un buen entendimiento de los sistemas y los procesos necesarios para alcanzar la visión, y la intencionalidad de hacer lo que sea para tener éxito.

Tienen la visión para saber para dónde van y cuándo quieren llegar. Hay un reloj corriendo hacia la fecha de madurez de su empresa. Utilizan sistemas y procesos bastante simples y evitan enredarse en desarrollar procesos que se van a convertir en una distracción. Y desde el principio, su intención es construir una empresa madura, no simplemente hacer dinero.

VISIÓN, PROCESO, E INTENCIONALIDAD

Tom Watson Sr., el fundador de IBM, dijo que IBM era un gran modelo para estas tres cosas.

En el libro *E-Myth,* Michael Gerber cuenta una anécdota atribuida a Watson, en la que él dijo, "Al principio, yo tenía una imagen muy clara de lo que sería la compañía cuando ya todo estuviera terminado." Él sabía para dónde iba. Pero la mayoría de empresarios nunca piensa así excepto en términos abstractos ("Sería muy bueno si…"). Tom Watson lo imaginó como algo concreto, algo que en realidad quería, y su intención desde el principio era crear una gran compañía. Tom Watson no tenía intención de ser el productor en su empresa y quedarse atrapado haciendo solamente dinero. Su intención era crecer una empresa madura desde el principio, por lo que fue exitoso y lo logró.

Segundo, se imaginó cómo debería comportarse una empresa de ese tipo. "Luego creé una imagen de cómo IBM tendría que comportarse…" Desde el principio, él construyó sistemas y procesos que iba a necesitar para llevar la empresa allá. Creó una imagen (que es lo que un mapa de procesos es) de cómo IBM iba a actuar. Muchos empresarios cometen el error de pensar en que se van a concentrar en hacer dinero por un tiempo y después se ocuparán de construir una empresa, si es que el después llega. *Watson fue exitoso porque estaba haciendo Rastreo Dual desde el principio—haciendo dinero pero enfocado en construir un negocio que hiciera dinero por él.*

Y tercero, Watson dijo que se dio cuenta de que "a menos que comenzaran a actuar de esa manera desde el principio, nunca llegarían allá." Él se comportó como en lo que quería convertirse. No tuvo que trasnformar toda la cultura y dirección de la compañía en cada paso del camino porque desde el principio su intención fue crecer un negocio maduro y convertirse en una gran compañía. Esa intencionalidad los llevó a tomar decisiones que construirían un negocio exitoso que haría dinero cuando Watson estuviera de vacaciones.

Visión, Proceso, Intencionalidad; Tom Watson tenía los

tres. Sabía cómo iba a ser IBM cuando madurara (Visión), sabía cómo tenían que comportarse (Proceso), y luego se comportaron así desde el principio (Intencionalidad).

WATSON HIZO RASTREO DUAL DESDE EL PRINCIPIO

Lo anterior es algo muy conocido de la historia de éxito de Tom Watson, pero él también dijo algo que nunca se le presta mucha atención. Y es algo que llevó la visión, el proceso, y la intencionalidad a un nivel práctico y le ayudó a crear una gran compañía. Esto es lo que dijo:

> "…cada día intentábamos modelar la compañía de acuerdo a la plantilla. Al final de cada día, nos preguntábamos qué tan bien lo hicimos, descubriendo la disparidad entre donde estábamos y donde nos habíamos comprometido a estar, y, al comienzo del día siguiente, nos lanzábamos a compensar la diferencia. Cada día en IBM era un día dedicado a desarrollar el negocio, no a hacer negocios. *Nosotros no **hacíamos** negocios en IBM, **construimos** uno."* (énfasis es mío.)

Tom Watson hizo rastreo dual en su empresa desde el comienzo. Claro, tenían que hacer dinero para permanecer abiertos, pero el enfoque real de la empresa era construir una compañía que hiciera dinero cuando Tom Watson no estuviera presente.

UNA VISIÓN BALANCEADA DE LOS NEGOCIOS

Watson tenía una visión extraordinariamente balanceada de los negocios. Él balanceó visión, procesos e intencionalidad en su toma de decisiones diarias. Esto es algo que separa a los empresarios exitosos de los fracasados. Y desafortunadamente he visto que la mayoría de empresarios no son naturalmente equilibrados en su visión de los negocios. O se enfocan en la visión, o en los sistemas, o en la intencionalidad del día a día y en "hacer".

Lo bueno es que esta falta de balance se puede arreglar porque es el resultado de nuestras experiencias y no de nuestra personalidad. La forma en como experimentamos la vida y los negocios nos da una visión del mundo que es incompleta.

Pero no lo vemos así. Pensamos que nuestra visión del mundo es muy completa, lo que nos mete en apuros. El mayor problema es que trabajamos desde nuestras fortalezas y no tratamos de descubrir cómo compensar nuestras debilidades. Así que tomamos decisiones desde una visión desequilibrada del liderazgo empresarial sin saber que lo hacemos. Pero la empresa sí lo sabe y sufre. La razón por la cual tan pocos tienen tanto es porque han alcanzado un balance en su visión de los negocios y su toma de decisiones lo refleja.

EL PERFIL ÁPEX—¿CÓMO ME COMPARO?

¿Cómo obtenemos balance? Lo primero que necesitamos es una autoevaluación honesta de nuestra personalidad, nuestros estilos de liderazgo, y nuestro estilo empresarial. Existen más de 5.000 perfiles de personalidad y liderazgo, y usted puede preguntarle a su asesor de negocios de confianza o mentor cómo encontrar el mejor para usted. Deje de improvisar y descubra dónde están los huecos en su personalidad y su liderazgo.

Yo he desarrollado el Perfil Ápex, el cual, a diferencia de los perfiles de personalidad y liderazgo, no está diseñado para decirle si es introvertido o extrovertido, o cuáles son sus características innatas de liderazgo. El Perfil Ápex está construido usando el lenguaje y características del dueño de una empresa, así que no hay que saber de psicología para entenderlo. Mide tres cosas prácticas:

1. Cómo vemos el negocio—a través de cuáles "lentes"
2. Dónde hay desequilibrio en esa visión
3. Cuál es el impacto directo en la forma en que trabajamos diariamente

El resultado final debe ser un entendimiento claro de lo que tenemos que hacer para convertirnos en empresarios con un balance en visión, proceso e intencionalidad.

Ron Stenson tenía un pequeño centro de distribución con 20 empleados enfocado en enviar productos de mercadeo y otros pequeños artículos para varias empresas. Habían crecido rápidamente en sus primeros dos años pero se habían estancado en los últimos tres y él no veía por qué. Él y yo miramos su perfil empresarial y encontramos que era muy enfocado en el producto y le encantaba estar con sus empleados ayudando en la producción. Él consideraba esto una gran fortaleza, y lo era, pero pasaba tanto tiempo haciendo esto que descuidaba otros aspectos de su negocio.

Cuando le pregunté a dónde lo estaba llevando su negocio, cuál era su visión para el futuro, y cómo estaba implementando esa visión de manera concreta hoy, me miró como si yo fuera un loco. Pero era honesto y me dijo que él había intentado planear con anticipación pero que siempre había sido una pérdida de tiempo.

Luego le pedí que miráramos bien sus sistemas y procesos para ver si había algo que pudiéramos mejorar y sacarlo a él y a su compañía del lodazal. Ahí noté que se estaba inclinando hacia la puerta y me quería echar. Él estaba esperando que lo ayudara con la producción pero todo lo que yo quería saber era acerca del futuro y de sus procesos.

Le pedí permiso para ser franco, y como ese era su estilo, finalmente nos empezamos a entender. Le dije que era muy claro por qué se había estancado, y era *porque estaba tan enfocado en la producción de hoy que ignoraba las cosas que hubiera podido aprender del pasado, lo que afectaba el futuro, el cual ni siquiera tenía idea de cómo iba a ser.* Le pregunté si él planeaba unas vacaciones así también, empacando su carro sin idea alguna de para dónde iba. Me miró tensamente por un segundo, luego se rió y entonces se abrió a trabajar conmigo.

Durante el año siguiente Ron obtuvo una visión clara de para dónde iba y por qué estaba haciendo lo que estaba haciendo. Y lo más importante, escogió una Fecha de Madurez Empresarial para cuándo quería llegar allá. Esto lo motivó a implementar unos sistemas y procesos claves para acelerar el crecimiento y le ayudó a salirse del proceso de producción para poder enfocarse en crecer una empresa que hiciera dinero mientras él se iba de vacaciones.

Ron tenía intención, pero le faltaba proceso y visión. Como muchos otros, tenía un desequilibrio en su forma de ver y hacer negocios. Una vez puso a funcionar los tres, su empresa arrancó.

No se enfoque en la producción de hoy, ignorando cosas
que deben aprenderse del pasado, y desentendiéndose del
futuro.

NO ES SU ADN, SON SUS EXPERIENCIAS

El Perfil Ápex fue desarrollado con el tiempo. Al principio, yo sólo quería ver si podía entender mejor los atributos de un empresario exitoso. A medida que hacia el perfil de mis clientes, y la lista de atributos crecía, se hizo obvio que habían tres "barriles" diferentes de atributos. La mayoría de empresarios tenía un barril de atributos primario del que sacaban primero, un barril de atributos desde el cual trabajaban en menor medida, y un un barril de atributos terciario que no tenía casi nada adentro.

También descubrí que la forma general de ver los negocios de una persona y el barril de atributos que usaban no estaban relacionados con la personalidad. He encontrado personas introvertidas y extrovertidas que tienen las mismas características en el Perfil Ápex. El perfil es una acumulación de aprendizaje, al ver a familiares, amigos y colegas manejar sus propios negocios. El método, los consejos y la retroalimentación de ellos, junto con las experiencias personales, crean una forma de hacer negocios que es probablemente desequilibrada.

UN CUARTO PERFIL

Los barriles de atributos son de hecho tres perfiles separados y he visto que, individualmente, los tres perfiles son incompletos, que casi nadie tiene una forma balanceada de ver los negocios. Así que ninguno de estos tres perfiles es mejor que los otros—todos son igualmente desequilibrados. El secreto para tener una empresa exitosa es descubrir cómo tener atributos de los tres perfiles trabajando simultáneamente en la empresa. Los tres necesitan crecer para convertirse en un cuarto perfil, lo que yo llamo el Perfil del Dueño de la Empresa. Hay una razón importante para esto.

El hecho de haber comprado o empezado una empresa no nos hace dueños en la práctica diaria. Mientras el negocio sólo refleje uno o incluso dos de los tres perfiles incompletos, no somos en verdad dueños de la empresa, sino que la empresa es dueña de nosotros y somos empleados de nosotros mismos.

Ron Stenson pensaba que él era el dueño cuando comenzó su centro de distribución. Luego aprendió que su dueño era la empresa, que él era un empleado, y que estaba estancado en la caminadora por la forma desequilibrada en que veía los negocios. Pero se bajó de la caminadora haciendo lo que Tom Watson hacía muy bien, teniendo un balance entre la producción, los sistemas y la visión. Al ampliar su entendimiento de los negocios pudo encontrar su rendimiento más alto y, como resultado, se convirtió en un verdadero dueño—ya no era el productor y la empresa hacía dinero cuando él no estaba presente.

Miremos los tres perfiles incompletos y cómo podemos usar esa información para convertirnos en el cuarto y "completo" Perfil del Dueño de la Empresa.

Como con los perfiles de personalidad y liderazgo, va a encontrar que usted tiene una mezcla de los Perfiles Ápex, pero probablemente depende de uno de los perfiles más que de los otros dos.

¿QUÉ SIGNIFICA ÁPEX?

La palabra ápex viene del latín que significa *cima* o *cúspide*. En ciclismo, el ápex define el punto máximo en una línea alrededor de una curva que el ciclista debe tomar para mantener la máxima velocidad posible y minimizar el tiempo que gasta en la curva. Es la ruta más eficiente y efectiva posible. El Perfil Ápex le ayudará a encontrar su rendimiento más alto como empresario y crear la ruta más eficiente y efectiva hacia la Fecha de Madurez Empresarial.

ENFOCADO EN EL MERCADO, LOS SISTEMAS, Y EL PRODUCTO

Los tres perfiles son Enfocado en el Mercado, Enfocado en los Sistemas y Enfocado en el Producto. El perfil enfocado en el mercado refleja el aspecto visionario de los negocios, el enfocado en los sistemas es todo acerca de los procesos, y el enfocado en el producto es acerca de producir productos hoy.

Ninguno de ellos es completo y ninguno es balanceado a menos que los tres sean usados al mismo tiempo para jugar el juego de los negocios. Usamos el término "enfocado" porque queremos dar a entender que se trata de una forma de ver el mundo que decidimos tener y no el resultado de la forma de ser con la que nacimos. Terminanos enfocándonos en estos atributos tan estrechos con el tiempo, a medida que nos funcionaban. Pero podemos añadir nuevos atributos en los que no estamos enfocados ahora y así convertirnos en mejores empresarios. No hay fatalismo en este proceso; simplemene revela cómo vemos el mundo ahora y lo que tenemos que añadir para crear un equilibrio.

Muchas veces decidimos añadir estos atributos encontrando a alguien que ve el mundo de una manera diferente a nosotros. Es algo muy inteligente y creo que se debe hacer cuando sea posible. Pero en las primeras etapas de una empresa, puede no ser práctico contratar todos esos atributos, pero si los ignoramos, vamos a cojear. En lugar de eso podemos adoptar otra forma de ver los negocios y hacer las cosas que preferiríamos que otros hicieran.

Las siguientes tres descripciones son de cada uno de los perfiles desequilibrados. La mayoría de nosotros saca cosas de diferentes barriles de atributos para mantener un balance, pero podemos entenderlos mejor si los miramos separadamente.

LOS TRES PERFILES
ÁPEX BÁSICOS

ENFOQUE: MERCADO	ENFOQUE: SISTEMAS	ENFOQUE: PRODUCTO
10-15% de empresarios	5-10% de empresarios	75-85% de empresarios
Desarrollador	Operador	Productor
Emprendedor	Administrador	Artesano

IDENTIFICADORES

Los clientes primero "¿Qué quiere comprar? ¡Yo lo vendo!"	**Sistemas y procesos primero** "¿Estamos haciendo lo correcto? Pensemos en esto"	**Los productos primero** "Yo hago cosas maravillosas Alguien debería comprarlas."
Tolera los riesgos "Vamos a improvisar en el camino"	**Odia los riesgos** "¿Cómo aseguramos que funcione?"	**Neutral con los riesgos** "Tengo suficientes problemas hoy"
Empieza una empresa "Tengo esta gran idea para un negocio"	**Maneja una empresa** "Tengo esta gran idea para las operaciones"	**Produce una empresa** "Estoy mejorando mi producto todos los días"
Enfocado en el futuro "El próximo año será el mejor para la empresa"	**Enfocado en el pasado** "El año pasado fue el mejor para la empresa"	**Enfocado en el presente** "¿Qué necesitamos hacer hoy?"
Acción sin planear el presente "Hagámoslo antes de que otro lo haga"	**Investigación/planeación sin acción** "Tengo esta gran idea para las operaciones"	**Acción sin planear el futuro** "A trabajar como un loco"
Decide con base en Intuición/Futuro "Esto podría ser muy bueno para el futuro"	**Decide con base en Investigación/Historia** "Esto es lo que funcionó en el pasado"	**Decide con base en lo Concreto/Hoy** "Lo que hacemos hoy funciona bien"
Disfruta variedad en el trabajo "Trabajo en 10 cosas muy buenas al mismo tiempo"	**Disfruta estabilidad en el trabajo** "Disfruto bastante mi rutina diaria de trabajo"	**Disfruta producir en el trabajo** "Mejoro en mi producción todos los días"
Comenzar "Luego termino esto. Se me ocurrió otra idea."	**Mantener** "Estamos perfeccionando cómo hacer esto"	**Terminar** "Tengo 30 minutos más para trabajar hoy"
Experimenta información "Esta fue una gran semana"	**Recoge información** "Este fue un gran libro"	**Usa información** "Este es un gran cambio para el producto"

LOS TRES PERFILES
ÁPEX BÁSICOS

ENFOQUE: MERCADO	ENFOQUE: SISTEMAS	ENFOQUE: PRODUCTO
10-15% de empresarios	5-10% de empresarios	75-85% de empresarios
Desarrollador	Operador	Productor
Emprendedor	Administrador	Artesano

RETOS		
Le falta enfoque "¡Mira, un objeto brillante!"	**Parálisis por Análisis** "Deme un mes más para estar seguro"	**Benefactor** "Haría esto gratis (por poco lo estoy haciendo)"
Le falta organización "Estamos descubriendo a medida que avanzamos"	**Le falta flexibilidad/urgencia** "No se meta con mi sistema, funciona como está"	**Le falta enfoque empresarial** "Quiero producir, no manejar una empresa"
Los empleados obstruyen la visión "¿Por qué no entienden algo tan sencillo?"	**Los empleados interrumpen el sistema** "Deje de pensar y encaje en mi sistema"	**Los empleados bajan la calidad** "Nadie puede hacerlo tan bien como yo"
Controlan ideas "Gracias por su idea, pero no gracias"	**Controlan procesos/sistemas** "Gracias por su recomendación, pero no gracias"	**Controlan producción/todo** "Gracias por intentar hacerlo, pero no gracias"
Tolerar el riesgo afecta la empresa "¿Por qué no entienden algo tan sencillo?"	**Evitar el riesgo afecta la empresa** "Deje de pensar y encaje en mi sistema"	**Evitar planear afecta la empresa** "Nadie puede hacerlo tan bien como yo"
Variedad en el mercadeo "Ofrecemos cincuenta cosas diferentes que puede comprar"	**Consistencia en el mercadeo** "Ofrecemos lo mismo que hace dos años"	**Calidad en el mercadeo** "Estamos orgullosos de cómo hacemos nuestro producto"
Maneja delegando "¿Entendido? Me voy a jugar golf"	**Maneja pensando mucho** "Un estudio más antes de decidir"	**Maneja haciendo** "¿Por qué nunca me puedo ir del trabajo?"

Narrativas de los tres perfiles ápex básicos

Empresario enfocado en el producto: El Artesano

"Yo hago sillas maravillosas, alguien debería comprarlas."

Tenía una cita programada con Jenna Washington, una asesora financiera con cuatro empleados, pero llamó un día antes para cambiar la fecha, ya que tenía cosas urgentes que hacer. Esto se repitió una vez más hasta que finalmente tuvo tiempo de reunirse. Durante la reunión fue muy enfática en que tenía diez cosas más que hacer, que estaba cansada todo el tiempo, nunca podía dejar de trabajar, y que todos en la oficina eran incompetentes a pesar de trabajar muy duro en entrenarlos. Ella terminaba haciendo gran parte del trabajo por ellos y eso le estaba causando enojo y resentimiento.

Jenna está demasiado enfocada en el producto. Vive en un mundo de urgencia y en el "hoy" y nunca tiene tiempo para mirar atrás o adelante porque el hoy es tan apremiante. La tiranía de lo urgente define su estilo de vida, y no tiene tiempo para la prioridad de lo importante porque no puede ver cómo le va a hacer dinero hoy. Hacer dinero está matando su negocio y su vida personal. No le deja crear significado ni enfocarse en las cosas que ella hace mejor. No es una buena manera de vivir, pero la mayoría de empresarios está en esta caminadora y, como Jenna, están muy ocupados lidiando con problemas pequeños para ver que no están enfrentando el verdadero problema.

Pasión por su arte

Los dueños enfocados en el producto son apasionados por el

producto o servicio que proveen porque ellos son expertos, profesionales, artesanos y artistas; implementadores, productores, hacedores, y quienes completan todo. Les gusta ser tácticos, estar en el campo de juego, y terminar las cosas. Se enorgullecen del producto o servicio que ofrecen. De hecho, en mi experiencia, entre 75 y 85 por ciento de todas la nuevas empresas las empiezan empresarios enfocados en el producto (a diferencia del 5 a 10 por ciento de los enfocados en sistemas y 10 al 15 por ciento de los enfocados en el mercado).

La pasión por su arte es lo que los motiva a construir su negocio. Su creatividad se enfoca en desarrollar su experiencia o en mejorar constantemente su producto. Están enfocados en el presente, en lo que necesita hacerse hoy, y en perfeccionar su oficio. A los empresarios enfocados en el producto les encanta involucrarse personalmente en el sistema y les es difícil entregarle la producción a los empleados, quienes, en la opinión del artesano, van a bajar la calidad. Son mucho más apasionados por su producto o servicio que por lo que el mercado quiere: "Yo hago sillas maravillosas, alguien debería comprarlas." Los clientes son un estorbo porque quieren modificar el producto o servicio.

Viviendo en el presente

El empresario enfocado en el producto ve el pensar en el pasado o el futuro como una pérdida de tiempo. Actúan sobre lo que tiene que hacerse hoy. El pasar tiempo desarrollando buenos procesos que otros puedan seguir es una pérdida de tiempo. Por eso actúan rápidamente en cosas tácticas sin necesitar mucha información o planeación. No gastan mucha energía en planeación o acción "estratégica". Esta es una gran cualidad para terminar las cosas que tienen que hacerse en el día a día, pero no ayuda a tener éxito en el futuro.

Vender el proceso vs. Vender Resultados— "¿Mercadeo? Mi producto es mi mercadeo."

"El producto o servicio mismo es tan bueno que los clientes van a venir corriendo a comprarlo." Ese enfoque acérrimo en el producto no les deja recibir buena retroalimentación de sus clientes acerca de cómo hacerlo más vendible. Por eso, si hacen algo de mercadeo, es enfocado en el producto y no en el mercado. Y cometen el error fatal de querer enfocarse en sus grandes habilidades para hacer sillas en lugar del resultado que le dan al cliente.

El enfoque en el producto tampoco les deja planear apropiadamente para el futuro, para bajones o crecimiento, o para cuando el producto sea obsoleto.

Bienvenido a la caminadora

No es sorprendente que la gran mayoría de todas las empresas sean fundadas, crecidas y manejadas por empresarios enfocados en productos. Tienen menos fracasos que los empresarios enfocados en el mercado o en los sistemas porque ponen la producción a marchar muy rápido.

Pero a largo plazo, tienen más problemas que los enfocados en los sistemas porque no tienen establecidos buenos procesos para mantener el crecimiento.

La razón por la cual la mayoría de empresas en Estados Unidos están estancadas entre las etapas 2 y 4 (Supervivencia, Subsistencia, Estabilidad) es que son fundadas por personas con un desequilibrio sustancial hacia el enfoque en el producto—abogados, doctores, ingenieros, artistas, plomeros (casi todos se enfocan en el producto, aunque no todos). La caminadora espera al empresario enfocado en el producto que no incluye los otros dos perfiles en su negocio.

Subperfil—el técnico

En esta categoría, hay dos tipos de personas que son muy competentes—los artesanos y los técnicos. Un artesano tiene pasión por lo que hace y quiere su nombre en el resultado final. Un técnico puede ser igual de bueno en lo que hace pero prefiere trabajar para alguien más, llega a casa, se olvida de su trabajo, y se va a hacer deporte o algo diferente. La diferencia entre los dos es pasión. Los artesanos empiezan y manejan sus negocios, viven sus vidas a través de su trabajo, y gran parte de su identidad está allí. Los técnicos trabajan para los artesanos enfocados en el producto (y los otros perfiles) y luego se van a casa a hacer algo diferente.

Empresario enfocado en el mercado: El Visionario
"¿Qué quiere comprar? Yo lo vendo."

Jimmy Stacynksi era joven, así que su forma de ver los negocios todavía no lo había matado. Lo conocí cuando tenía 27 y ya había fallado en tres negocios y tenido medio éxito con otro, el que vendió por una suma modesta, no lo suficiente para compensar por las pérdidas, pero muy cerca.

Jimmy era un gran visionario y constantemente estaba buscando nuevos mercados que estaban siendo ignorados. Por eso, no era raro que mientras implementaba "la mejor idea que había tenido en su vida", tenía otras cuatro ideas que quería empezar. Lo interesante es que lo conocí en un campo de golf. No le gustaba mucho ir a la oficina porque se sentía "abrumado" por todos los detalles. Decía que trabajaba mejor relajándose y divirtiéndose.

Yo hablé con Silvia, la administradora de la oficina de Jimmy, unas semanas después. Estaba a punto de renunciar porque el torrente de buenas ideas que Jimmy tenía la estaba enloqueciendo y constantemente acabando con cualquier chance de tener éxito en una de esas ideas. Lo apodaron "Jimmy Campo de Golf" y "Jimmy Nuevas Ideas".

Jimmy y yo tuvimos una conversación profunda y yo lo reté a que se enfocara, con el incentivo que si se enfocaba de un año a 18 meses en una sola buena idea y la llevaba completamente a producción, posiblemente podría formar el capital que necesitaba para seguir sus otras ideas por muchos años futuros. Yo podía ver que se sentía incómodo con la idea de enfocarse y nos fuimos en direcciones opuestas. Un año y medio después escuché que su aventura más reciente también había fracasado. Seguramente Silvia estaba contenta de que ya no tenía ese trabajo.

Al otro extremo en el espectro de perfiles, opuesto al empresario enfocado en el producto, está el empresario enfocado en el mercado. No podrían ser más diferentes. Los empresarios enfocados en el mercado son visionarios, desarrolladores de negocios, tomadores de riesgos, comerciantes, vendedores e inventores.

También tienen una pasión, pero generalmente no por un producto o servicio en particular. Su pasión es llenar nichos en el mercado o satisfacer las necesidades de los clientes, con muy poco apego al producto o servicio mismo. Sus jugos creativos se enfocan en cómo satisfacer las necesidades en el mercado con nuevos productos o empresas. En un sentido, su pasión es más por el juego de los negocios, que por un negocio en particular. Ellos no necesitan ser expertos o artesanos; ellos encuentran un técnico (no un artesano) para que produzca por ellos lo que sea que el mercado necesite.

"No se preocupe, todo mejorará mañana.
Si me necesitan, estaré en el campo de golf."
Tienden a enfocarse en el futuro, las posibilidades de lo que podría ser, y nuevos productos y servicios. Pierden muy fácil el interés en el producto o servicio actual, y dejan que otros perfeccionen. No son capaces de involucrarse personalmente en la producción, y prefieren renunciar que dirigir. Ven a los empleados como obstáculos porque no agarran la visión tan rápido como ellos. Quieren que otros lo entiendan, y que las cosas se hagan ya—pero ellos no quieren ser los que hacen las cosas.

Rapidez de ejecución—sólo la visión general
El empresario enfocado en el mercado actúa rápido en grandes ideas con el potencial de capturar un segmento del mercado, sin necesidad de información o planeación. El riesgo les molesta menos que a los de los otros perfiles, e incluso puede ser atractivo para ellos. No gastan energía en planear o producir tácticamente en el día a día, que les parece muy tedioso—el trabajo real es estratégico, no táctico.

Responder a los mercados y creer en el futuro
Esta es su estrategia de negocios. Hoy las cosas pueden no

estar muy bien, pero mañana todo será mejor. Su enfoque en el futuro les impide desarrollar la gente y los procesos necesarios para que el hoy funcione. Los empresarios enfocados en el mercado empiezan una empresa rápidamente, pero pierden interés en perfeccionarla, lo que resulta en que tengan muchas pérdidas antes de tener una victoria. Su enfoque en el mercado hace que se expandan demasiado y sin buenas bases, creando muchos productos unos tras otro. Los supervisores y los empleados se sienten abrumados con todas las ideas.

Conocer al cliente, no al producto

Su mayor ventaja es su enfoque en el mercado y en los clientes, su disposición para cambiar si las demandas de los clientes o del mercado cambia, la habilidad de ver las cosas estratégicamente, y la disposición a tomar riesgos para satisfacer la necesidad. Sus desventajas son que se enfocan más en el mercado que en mejorar su servicio, sus procesos y su producción. Luego de que la idea nace, perfeccionarla es aburrido. No son buenos terminando proyectos. Manejan la empresa dejándola a otros, lo que no es una buena estrategia de crecimiento. Hacen muchas cosas al mismo tiempo, tomando diversos proyectos que los pueden hacer más productivos, pero intentan abarcar demasiado.

Se pueden quemar muy rápido

Mientras que el empresario enfocado en el mercado parece tener un gran perfil para empezar una empresa, si son muy desequilibrados en cuanto al enfoque en el producto, van a comenzar bien pero se van a quemar rápido. Hay empresarios en el mundo de los negocios que están muy enfocados en el mercado, lo que es bueno—con poco se puede llegar lejos.

Innovación empresarial y Grand Slams

El empresario enfocado en el mercado es la persona que usualmente llamamos "emprendedor" y que es considerado un ícono de cómo se supone que debe ser un empresario. La palabra "emprendedor" según la definición de Wikipedia, con la que estoy de acuerdo, es "un individuo que organiza y opera una empresa, asumiendo un riesgo financiero para hacerlo. Es un líder ambicioso que combina tierra, trabajadores y capital para crear y vender nuevos productos y servicios".

Inherente a esta definición es crear nuevos bienes y servicios (buscando nichos en el mercado), y aceptando un riesgo significativo. Muy pocos empresarios tienen estos atributos— la mayoría simplemente abre un negocio y dice, "Sería maravilloso si pudiera ganar dinero haciendo _____."

En realidad no deberíamos enaltecer a la persona enfocada en el mercado más que a los otros dos. Tienen la misma cantidad de fallas. También tienen la taza más alta de fracasos porque toman más riesgos (grandes ganancias, grandes pérdidas) y no trabajan duro en perfeccionar a medida que avanzan. Afortunadamente sólo un pequeño número de empresas es comenzado por gente enfocada en el mercado, pues muy pocas sobreviven después de un tiempo. Su pasión por los clientes, el mercado, o por encontrar un nicho único para llenar, los motiva a hacer dinero del "juego", no de un producto o servicio en especial por el cual tienen una pasión.

Aún así, los empresarios enfocados en el mercado son la fuente de mayor innovación y nuevas empresas creativas año tras año, y cuando lo hacen correctamente, resulta en un grand slam más a menudo de lo que los otros dos perfiles pueden producir. Pero tenga cuidado con los intentos fallidos.

Subperfil—el vendedor

Las dos diferencias principales entre el empresario enfocado en el mercado y el vendedor que trabaja para ellos es el tamaño del riesgo que están dispuestos a tomar, junto con la amplitud de su visión. Para ser un vendedor se requiere estar dispuesto a vivir con riesgo y tener la esperanza en que el futuro será exitoso, pero se necesita una dosis mayor para empezar desde cero con sólo una idea y gastarse todos sus ahorros en ella. La persona verdaderamente enfocada en el mercado tomará ese riesgo. Un vendedor se unirá a la visión si otra persona está tomando el riesgo más grande.

Empresario enfocado en los sistemas: El Organizador
"¿Cómo puedo hacer que esto funcione más efectivamente?"

Gary Keeney tenía un gran concepto para su empresa que con facilidad habría podido crecer rápidamente. Pero llevaba tres años en el negocio y no estaba viendo crecimiento. No tenía sentido porque la idea era buenísima y él había hecho un trabajo maravilloso creando todos los sistemas y los subprocesos para llevarle un producto consistente y profesional a sus clientes.

Analizando su empresa con los siete elementos vi que Gary tenía muy buenas Operaciones y Entrega, un excelente proceso de Satisfacción al Cliente, e incluso un muy buen modelo para el Desarrollo del Negocio. Y aunque le faltaba visión, no era algo que estuviera afectando su negocio. Pero aún así nada sustancial estaba pasando en un negocio que, en mi opinión, debería estar generando $10 millones de dólares hace dos años y no los $450.000 actuales.

Gary y yo miramos su Perfil Ápex y vimos que estaba muy enfocado en los sistemas, lo que hacía que no le gustara el riesgo, que pensara mucho las cosas, que no sintiera urgencia para tomar pasos hacia adelante, y que generalmente no lo dejaba ver el potencial de su empresa. Estaba tan acostumbrado a planear todo hasta el más mínimo detalle que la rapidez de ejecución no estaba en su vocabulario.

Gary y yo desarrollamos un buen Plan Estratégico para crear urgencia sobre el crecimiento de la empresa y movernos con intencionalidad y acción hacia una Fecha de Madurez Empresarial. Su empresa creció de $450.000 a $800.000 ese año y a $1.4 millones el siguiente. Todavía no era el crecimiento que podía dar, pero era bastante bueno para Gary, quien esta emocionado.

Si este es usted, ya está leyendo la letra pequeña

Los empresarios que se enfocan principalmente en los sistemas son generalmente administradores, supervisores, ingenieros, sistematizadores, expertos en eficiencia y efectividad, académicos, investigadores, historiadores, organizadores y desarrolladores de procesos. Tienden a tener una gran capacidad para el detalle, la investigación y la creatividad, que la expresan desarrollando sistemas y procesos.

Motivados a alcanzar la excelencia (¿perfección?)

Tienen una pasión por los sistemas, la eficiencia y la efectividad. Sus jugos creativos se enfocan en llevar la producción al siguiente nivel para crear mejores márgenes de ganancias, una producción más rápida y de más alta calidad, bajar costos, y crear un ambiente de trabajo estable.

Como aquellos enfocados en el mercado, no necesitan ser expertos en el producto o artesanos. Son expertos en mejorar el proceso, en sistemas, planeación, investigación, y todas las cosas que ayudan a mejorar la producción, tener márgenes más altos, calidad consistente y estabilidad. Cuando las cosas andan bien, o si el cambio involucra riesgo, los empresarios enfocados en los sistemas prefieren mantener el statu quo.

Históricos

Los empresarios enfocados en los sistemas tienden a enfocarse en el pasado, preservando los cambios y procesos previamente establecidos, y aprendiendo del pasado que los cambios pueden ser difíciles. Suelen tener muchas razones para no hacer nuevos cambios, citando el pasado. No les gusta discutir el futuro y les preocupa más no tener un buen proceso para manejar la producción diaria.

Los empleados son parte del engranaje de mi sistema

También pueden estar más interesados en los sistemas y procesos que en los empleados que los manejan. No preguntan qué es lo que quiere el mercado o el cliente, y no necesitan tener una pasión por el producto. Su pasión es por operaciones, entrega, sistemas, y procesos para crear eficiencia y efectividad para cualquier producto o servicio que se esté ofreciendo.

Lento, seguro, estable

Los empresarios enfocados en los sistemas casi nunca tienen una sensación de urgencia. Puede que la sientan por dentro, pero no se manifiesta en la práctica porque simplemente hay muchas cosas desconocidas que les impide moverse. Son muy buenos manteniendo el statu quo, manejando procesos repetibles, preservando la historia y perfeccionando operaciones. Cuando hay nuevas ideas, las toman lenta y cuidadosamente, investigando y planeando de antemano todas las facetas antes de actuar. Como tales, no les gusta el riesgo, prefiriendo la seguridad de mantener las cosas como están.

Investigación, Planeación y Preservar el Statu Quo
Esta es su estrategia de negocios por defecto: Es mejor malo conocido que bueno por conocer. Los empresarios enfocados en los sistemas casi nunca empiezan una empresa desde cero— hay muchos riesgos, muchas variables desconocidas, y no hay procesos establecidos.

Menos negocios son comenzados por empresarios enfocados en los sistemas (5 a 10 por ciento) que los otros dos perfiles (enfocados en el mercado, 10 a 15 por ciento; enfocados en el producto, 75 a 85 por ciento), pero un mayor porcentaje de empresas son manejadas por ellos. Ellos prefieren comprar un negocio existente que puedan mejorar con sus sistemas y procesos; o mejor aún, una franquicia con un gran sistema ya establecido. Pero su enfoque en sistemas y procesos internos puede producir estancamiento y burocracia innecesaria.

Estos son los que hacen que las empresas crezcan
Su mayor cualidad es la habilidad de llevar una buena idea al siguiente nivel, establecer procesos y sistemas para tener más ganancias y una experiencia consistente para el cliente, y una capacidad en general de crear un verdadero "negocio" a partir de la idea de otra persona. Sin el perfil enfocado en los sistemas, una empresa no crece.

Sus desventajas incluyen el que se enfocan tanto en las operaciones que no saben lo que el cliente quiere ni cómo responde el mercado a su producto; se mueven muy lentamente cuando hay buenas ideas; les falta flexibilidad, son controladores, piensan y planean mucho sin actuar; son perfeccionistas y viven en el pasado ("Nunca lo hemos hecho así antes" o "Siempre lo hemos hecho así").

Construyendo una empesa de adentro hacia afuera

Aunque los empresarios enfocados en los sistemas empiezan muy pocas empresas, tienen una gran probabilidad de tener éxito cuando resisten la tendencia a moverse muy despacio, y usan su don para los procesos para crecer una gran empresa. Toman menos riesgos pero tienen menos perdidas, moviéndose más en las cosas seguras. También se pierden grandes oportunidades al ponerse a pensar en ellas en lugar de actuar. Su pasión por buenos sistemas, estabilidad y efectividad los motiva a hacer dinero construyendo una gran infraestructura alrededor de cualquier producto o servicio que se esté ofreciendo.

Usted lo empieza, yo lo hago andar

Cuando el empresario enfocado en el mercado tiene una idea que el enfocado en el producto pone en acción, la persona enfocada en los sistemas descubre cómo hacer que todo funcione para que genere dinero, y que todos puedan decir, "Somos bastante eficientes y efectivos."

Subperfil—el académico

La falta de urgencia y el deseo de saberlo todo antes de actuar obra en contra de la gente enfocada en los sistemas cuando empiezan un negocio. Estos atributos son más fuertes en el académico. Cuando vivíamos en Connecticut teníamos una vecina que había pasado más de 20 años estudiando una sola célula relacionada con una distrofia muscular y estaba teniendo gran impacto en el mundo alrededor suyo. Los académicos como ella son vitales para el éxito de compañías enfocadas en la investigación y el desarrollo, pero probablemente nunca empezarán su propio negocio ni comprarán una empresa.

EL DUEÑO—UN CUARTO PERFIL QUE NADIE TIENE Y QUE TODOS DEBERÍAN TENER

Tom Watson es el mejor ejemplo de alguien que naturalmente puede equilibrar los perfiles del mercado, los sistemas y el producto, lo que lo hace un verdadero Dueño. Pero la mayoría de nosotros no tenemos ese equilibrio por naturaleza, sino que tenemos que trabajar en ello como la gente en las historias en este capítulo. Pero ya sea que tomemos estos atributos que no tenemos o contratemos a otros para que nos equilibren, vamos a tener la misma oportunidad que Tom Watson de construir una empresa madura. Y recordemos que la madurez no tiene que ver con el tamaño. No tenemos que construir un IBM como Watson lo hizo. Sólo tenemos que construir un negocio que haga dinero cuando estemos de vacaciones, del tamaño que queramos.

Ya hemos visto que cada perfil por sí solo es incompleto. El enfocado en el mercado nos da la perspectiva visionaria que Tom Watson tenía: "Al principio, yo tenía una imagen muy clara de lo que sería la compañía cuando ya todo estuviera terminado". Pero carece de proceso y algo de intencionalidad.

El enfocado en los sistemas nos ayuda a desarrollar el proceso—Watson se preguntó cómo se comportaría una empresa así. "Luego creé una imagen de cómo IBM tendría que comportarse..." Pero por sí solo, carece de visión e intencionalidad. Finalmente, el enfocado en el producto nos trae una sensación de urgencia, de intencionalidad para hacer las cosas hoy. Watson se dio cuenta de que "a menos que comenzaran a actuar de esa manera desde el principio, nunca llegarían allá." Pero si sólo tenemos urgencia y no sabemos para dónde vamos (visión) o cómo llegaremos allá (proceso), no es suficiente.

Los tres deben trabajar juntos para crear el balance necesario para construir una gran empresa, pequeña o grande.

Si se tiene la capacidad de contratar a uno o dos Perfiles Ápex que no sean nuestra fortaleza, esa es una gran manera de hacerlo—traigamos a la persona que ya ve el mundo de esa manera. Si no se puede, vamos a tener que trabajar duro y crear visión, procesos, producción/intencionalidad diaria por nosotros mismos hasta que podamos contratar a alguien. A la gente no le gusta hacer cosas fuera de su capacidad actual, pero como empresarios a menudo tenemos que hacer cosas que otros no harían si queremos tener éxito.

¿Cómo es entonces el perfil de un empresario balanceado?

Claridad—Sé para dónde voy

Los dueños se enfocan principalmente en metas a largo plazo, o metas de vida, y tienen una imagen muy clara de la situación ideal en la que quieren vivir esas metas de vida. Ellos entienden que el negocio casi nunca es un fin en sí mismo, sino un medio para alcanzar un fin. Los dueños usan su empresa para crear una situación ideal en la cual puedan vivir sus metas de vida. Entienden muy bien las siete etapas de una empresa, en qué etapa están, a cuál etapa quieren llegar, y lo que necesitan hacer para llegar a la siguiente etapa.

Pasión

Tienen una pasión por la vida, por vivir con propósito y dejar un legado, una contribución a su comunidad y la vida de los otros, y por crecer una empresa que se maneje a sí misma para que se puedan enfocar en esas cosas.

Tengo un jefe—Un Plan Estratégico

El dueño maneja su empresa con un Plan Estratégico, no con un plan de negocio. Los planes de negocio son complejos y generalmente se escriben para que el banco se sienta bien. Un Plan Estratégico es una sola hoja y se usa todos los días para tomar decisiones y guiar al dueño para lograr los puntos intermedios que lo llevarán a sus metas de vida.

Balanceado y enfocado en todo el negocio— no sólo mi parte favorita

Los dueños entienden claramente que hay siete elementos en su empresa a los que les deben prestar atención para llegar a la madurez. Saben en cuáles son buenos y en cuáles necesitan ayuda de otros. Trabajan duro para equilibrar los siete elementos porque entienden que eso les va a ayudar a llegar más rápido a sus metas de vida.

Guiado por procesos sencillos

Los dueños se enfocan en adquirir y retener clientes con ganancias, porque saben que la única forma de hacer esto es teniendo un balance saludable entre el pasado, el presente y el futuro. Entienden la necesidad de que haya un balance entre el mercado, los procesos necesarios para manejar un negocio, y la calidad del producto. Valoran los sistemas, procesos y procedimientos sencillos que ayudan a crear una empresa que se maneja sola. Han completado un mapa de todas las funciones principales de la empresa para que cuando un empleado se marche, todo siga funcionando sin problemas.

Uso buenos principios para tomar decisiones

Los dueños usan estos principios para ser exitosos:

1. Hacer más dinero en menos tiempo—Rendimiento por Hora (RPH). Trabajan para reducir sus horas mientras incrementan su ingreso.

2. Enfoque en las metas de vida, no en crecer su empresa cada año y ya. Saben cuánto tienen que crecer por año y por qué, lo que les da más motivación, propósito y dirección para crecer su empresa.

3. Trabajan *en* la empresa, no para ella. Saben que para crecer una empresa madura deben alejarse a menudo y desarrollar estrategias para salirse del día a día. Trabajan intencionalmente para bajarse de la caminadora y recuperar la pasión que los atrajo a los negocios.

4. El mejor y más alto uso de su tiempo. En lugar de ocuparse en tareas que otros podrían hacer, se en-

focan en hacer las pocas cosas que otros no hacen y que los llevarán a su situación ideal para sus metas de vida.

5. Toman decisiones basados en donde quieren estar, no en donde están. Los verdaderos dueños entienden que los riesgos calculados son necesarios para moverse a la etapa siguiente. El malo conocido no es mejor que el bueno por conocer.

6. Planes malos ejecutados con compromiso total muchas veces arrojan buenos resultados. La rapidez de ejecución es el mejor indicador de éxito. Los verdaderos dueños toman decisiones y actúan rápidamente. Viven con este lema: Implementar ahora y perfeccionar en el camino.

7. Tiranía de lo urgente vs. Prioridad de lo importante —Los dueños saben que hay muchas cosas que los inundan todos los días y que no les ayudarán a hacer más dinero en menos tiempo. Las cosas urgentes no dan un respiro y no dejan prestarle atención a lo importante. Los dueños ignoran lo urgente para lograr lo importante que les ayudará a crecer un negocio maduro más rápido.

No soy el productor (o puedo ESCOGER producir)

Se puede reconocer fácilmente a un dueño porque la producción diaria no pasa a través de él, lo que le ayuda a tomar impulsivamente tiempo libre o irse por largos periodos sin miedo a que la empresa deje de producir.

Intencionalidad—Crecer una empresa madura de 3 a 5 años

Los dueños no creen que se necesiten 20 años para crecer una empresa madura. Tomaría 20 años si se es pasivo y se sienta a esperar a que las cosas pasen, pero es más normal que una empresa alcance la madurez en tres a cinco años cuando,

a. tienen una imagen clara de para dónde van,
b. tienen un plan para llegar allá y
c. se comprometen a fechas específicas para alcanzar cada objetivo.

En resumen, son proactivos, no reactivos. Toman control de su empresa y la empujan a la madurez con una sensación de urgencia, porque quieren vivir sus metas de vida en su situación ideal.

Momentos Trapecio—tomando riesgos calculados

Finalmente, los dueños saben cuáles son los Momentos Trapecio en sus empresas los cuales requieren que tomen riesgos calculados para llegar al siguiente nivel. Y están dispuestos a tomar esos riesgos. No se adelantan a su negocio y empiezan a vivir como si la empresa ya fuera madura cuando no lo es, pero siguen en el negocio, siendo "ambiciosamente perezosos"— trabajando duro ahora para trabajar menos después.

Ojos externos

El dueño entiende que ser un llanero solitario no es una buena idea. Además de tener claridad en su metas de vida y un Plan Estratégico claro para manejar su empresa, consiguen ojos externos sobre sus empresas para asegurarse de que están tomando buenas decisiones y están enfocados en las cosas que los van a llevar a la madurez empresarial. Saben que son subjetivos cuando se trata de su propia empresa y por eso necesitan ojos externos objetivos.

UNA EMPRESA EN ETAPAS 5, 6 Ó 7 Y UNA VIDA DE SIGNIFICADO

El verdadero dueño se puede ir de vacaciones y la empresa sigue haciendo dinero cuando él no esté presente. Ha descubierto cómo hacer más dinero en menos tiempo, bajarse de la caminadora, y recuperar la pasión que lo atrajo a los negocios. Y usa su empresa madura para apoyar sus metas de vida. Ya no se enfoca en la supervivencia, la subsistencia, la estabilidad, ni el éxito. Ahora tiene tiempo para vivir con significado y dedicar su vida a las cosas que hace mejor.

EL PERFIL ÁPEX EN LÍNEA

Si desea tomar el Perfil Ápex en internet, escriba un correo electrónico a info@grupocrankset.com y pida un código para recibir un 80% de descuento en la aplicación disponible en www.apexprofile.com.

Cómo mantener el curso y evitar la mediocridad

10

Veinte años en el futuro, usted estará más decepcionado de las cosas que no hizo que de las cosas que hizo. Así que suba el ancla. Navegue lejos del puerto seguro. Atrape el viento con su velas. Explore. Sueñe. Descubra.

—MARK TWAIN

A hora que tenemos una visión para construir una empresa madura en tres a cinco años que haga dinero mientras estamos de vacaciones, ¿cómo lo logramos? La tiranía de lo urgente está esperando que soltemos este libro para arrancarnos la vida. Todo este discurso acerca de la prioridad de lo importante se va a esfumar y este libro se pondrá en una repisa para que acumule polvo.

PRIORIDADES

La mejor forma de cambiar algo es reemplazarlo con otra cosa. Si usted ha sufrido con la tiranía de lo urgente como todos los demás, esta no va a desaparecer con sólo desearlo. Ni tampoco tratando de administrar el tiempo. Yo intenté administrar mi tiempo una vez, pero me di cuenta de que seguía teninedo las mismas 168 horas, sin importar qué tanto las administraba.

Finalmente descubrí que debemos dejar de administrar el tiempo y empezar a administrar nuestras prioridades. Como me dijo mi madre, "No existe eso que llamamos excusas, Chuck, simplemente eso no está muy arriba en tu lista de prioridades." Y es verdad. Hacemos tiempo para las cosas que nos importan. ¿Quiere saber qué es lo más importante en su vida? Mire su horario y su extracto bancario y se dará cuenta.

EL GRAN PORQUÉ—EMPIECE POR EL FINAL

La forma más sencilla de tener las prioridades correctas es saber para dónde vamos, estar convencidos que es el lugar correcto para ir, y tener una fecha para llegar allá. Una vez sabemos dónde quedan nuestras Islas Bermudas o nuestro Mordor, podemos empezar a priorizar lo que nos va a llevar allá más rápido. Hasta que sepamos eso, estamos disparando en el bosque al azar y pretendiendo que estamos cazando osos. Las metas de vida son importantísimas para un empresario exitoso. Es el Gran Porqué.

MANEJANDO LAS PRIORIDADES CORRECTAS— JEFE #1

Una vez se tengan las prioridades correctas, se necesita una herramienta para manejarlas o la tiranía de lo urgente nos va a tragar enteros y nunca alcanzaremos nada. Ya sea el plan estratégico de dos páginas que yo uso u otra herramienta, no importa, pero se necesita un plan que se pueda trabajar y que combine el futuro con el presente, para saber qué se debe hacer esta semana, este mes, este trimestre y este año para llegar a nuestras Bermudas.

OJOS EXTERNOS EN LA EMPRESA—JEFE #2

Nadie es una isla, y tratar de hacerlo solo es el peor plan que a alguien se le podría ocurrir. Si no le ponemos ojos externos a la empresa y les damos la habilidad de decirnos cuando nos dirigimos a un precipicio, estamos llevando una existencia peligrosa como empresarios. Mucha gente falla en los negocios simplemente porque no involucra a nadie más.

Únase a un grupo de asesoría entre iguales o consiga un socio sin equidad que sirva como mentor o asesor en su negocio. Déles el derecho a que hablen lo que ven en usted y su empresa. *Los adultos no aprenden a menos que estén desorientados de su visión cómoda del mundo.* Use su grupo de empresarios para seguir desorientado; reconoza que aún hay mucho por aprender. Abrirse a recibir ayuda es el mejor colchón que podemos tener.

UN PROCESO NO SE MANEJA POR SÍ SOLO

Ya sea con el mapeo de procesos u otra herramienta, se necesita reducir el negocio en pedazos que se puedan manejar y administrar esos procesos. Las empresas no se manejan por sí mismas, y un proceso que no se maneja no es en realidad un proceso. Es importante tener un tiempo programado cada mes para revisar los procesos. Póngalo en su calendario.

SEPA EN QUÉ ES BUENO E INVOLUCRE A OTROS

Aunque cualquiera puede tomar atributos de los tres perfiles empresariales en el Perfil Ápex, nunca se debe tratar de arreglar una debilidad. Todo lo que se lograría es afectar las fortalezas. Va a haber momentos en los primeros años de la empresa donde no habrá otra opción sino intentar hacer los tres roles lo mejor posible—Mercado, Sistemas y Producto; pero hay que poner a otras personas en esos lugares tan pronto como sea posible para hacer sólo lo que nos apasiona.

PROGRAME TIEMPO ESTRATÉGICO EN SU CALENDARIO Y QUE SEA SAGRADO

Thomas Hartmann creó una compañía de construcción en Carolina del Sur que siempre había querido expandir nacionalmente. Pero nunca había podido salirse de su esfera local. Después de algunas décadas, decidió semi-retirarse e irse a pescar unos días a la semana en lugar de seguir dándose golpes contra la pared. A los dos años su compañía era reconocida nacionalmente, y según él, todo gracias a que se fue a pescar, pues el estar fuera de la oficina le permitió pensar estratégicamente en una manera que nunca lo había podido hacer cuando estaba en la oficina lidiando con la tiranía de lo urgente.

Tal vez usted no pueda irse a pescar un par de veces a la semana, pero al menos separe unas cuantas horas cada semana en su calendario, por el mayor tiempo en el futuro que se pueda y considérelo un tiempo inamovible. Mírelo como una reunión semanal con su cliente más importante, que es precisamente lo que usted es.

Una vez tenga unas cuantas horas a la semana para empezar a trabajar en construir un negocio, va a encontrar muchas más maneras de dejar de hacer dinero y construir un negocio que haga dinero por usted.

HAGA ALGO SIMBÓLICO PARA SU FECHA DE MADUREZ EMPRESARIAL

Programe unas vacaciones para esa fecha, compre equipaje anticipando el viaje, ponga la fecha en su mesa de noche. Compre una champaña o ponga algo en su billetera. Tenga una reunión mensual de 15 minutos con su pareja o amigos para hablar de cómo será ese día. Tenga un calendario con un conteo regresivo y empiécelo a seguir.

Haga lo que sea para que sea parte de su vida diaria y así mantenerse enfocado en la prioridad de lo importante. Igualmente, tenga sus reuniones semanales, mensuales y trimestrales para repasar, revisar y actualizar el Plan Estratégico.

FORMAS DE CREAR UN NEGOCIO QUE HAGA DINERO MIENTRAS SE ESTÁ DE VACACIONES

Hay al menos seis formas de hacer dinero cuando no se está presente. He aquí algunas ideas:

Talento

El pintor Renoir compró su mansión con sólo dos pinturas, y su carro con un bosquejo a lápiz. Si usted tiene talentos únicos, puede cobrar los suficiente por hora y trabajar muy poco. Si trabajando unas pocas horas puede hacer suficiente dinero al mes para satisfacer su estilo de vida, en un sentido usted está haciendo dinero cuando está de vacaciones—más o menos.

Hay un par de problemas con esta táctica. Primero, es arriesgado tratar de que su talento sea reconocido a este nivel. Mucha gente va a programas de talento pensando que son gran cosa y resulta que no. Convertirse en el mejor en algo para poder cobrar precios astronómicos no es sencillo. Mi hermana, Virginia Blakeman-Lenz, ha tocado la viola al nivel más alto en el mundo por décadas, tocando con las orquestas sinfónicas más grandes y en los festivales de música más prestigiosos. Una amiga me preguntó una vez cómo fue que mi hermana lo logró. Le dije, "Es sencillo. Ella nació con un talento increíble, pero luego practicó por décadas como si no tuviera talento." Se necesita mucho talento y trabajo duro para construir una empresa de esta manera.

Segundo, la empresa nunca maduraría porque siempre dependerá del dueño para producir. Si se enferma o se accidenta, la fuente de ingreso desaparece. Ese es uno de los riesgos del artista puro, cuyo negocio depende de él para toda la producción. En ese caso se necesita un muy buen seguro de incapacidad a corto y largo plazo.

Empleados

Esta es la forma más común de hacer dinero cuando se está de vacaciones—compre las 40 horas por semana de otra persona, con descuento, y revéndalas a sus clientes más caras. La diferencia crea ganancia cuando usted no está.

Muchos empresarios son artesanos enfocados en el producto (ver capítulo 9 sobre el Perfil Ápex) y, por lo tanto, tienen una aversión natural a los empleados. Piensan que no hay nadie en el mundo que lo pueda hacer tan bien como ellos y es verdad, mientras lo sigan creyendo.

Si usted tiene esa creencia y no puede tener empleados, entonces va a tener que usar una de las otras estrategias.

Pero los empleados son generalmente la forma más fácil y probable de crear un negocio maduro. Personalmente, mi plan incluye muy pocos empleados, por lo que tengo que trabajar más en otras estrategias.

Cree productos/servicios únicos

Si usted no es megatalentoso y no quiere empleados, puede crear productos o servicios que puede licenciar a otros para que los produzcan. O puede franquiciar sus servicios para que otros los presten, o crear software en línea, productos, o servicios que necesiten poco mantenimiento. Esta es otra versión de la primera opción, talento, excepto por una gran diferencia.

Si usted crea un producto o servicio que otros puedan tomar y usarlo, ya usted no está viviendo directamente de su talento como un artista o un doctor. En el caso del talento, usted sólo recibe dinero por cada vez que trabaja, por la pintura, por la cirugía, por el concierto, etc. Cuando crea un producto o servicio único, hay varias formas de hacer dinero de ellos sin tener que trabajar.

Licencias & Franquicias

Ví un documental hace un tiempo que mostraba al coinventor del Ethernet, Robert Metcalf, en su bote inmenso en el puerto de Nueva York. Aparentemente hizo mucho dinero con su invención. Ha habido muchos otros pequeños adelantos tecnológicos que le han generado mucho dinero a mucha gente. Si puede crear algo que otros puedan licenciar de usted, puede hacer dinero mientras está de vacaciones con esa licencia.

A veces lo que se crea no es un objeto, sino un servicio. Si usted tiene una estrategia única para algo, puede licenciarla a otros, o hacer que compren una franquicia de usted. Doug Root es dueño de *Jungle Quest* en Denver, un centro de diversiones donde los niños escalan rocas y usan cuerdas, y después de 15 años de tener un solo local, ha vendido varias franquicias alrededor de los Estados Unidos. Es un concepto único que sería difícil de replicar sin el conocimiento de la franquicia. Pero le da muchísimo dinero mientras está de vacaciones.

Productos/Servicios de poco mantenimiento— Ingreso por anualidad

Si usted puede crear algo que la gente pueda accesar y usar sin usted estar presente, podrá hacer dinero mientras está de vacaciones. Mi hijo, Grant, creó una herramienta de susbscipción por internet para grupos musicales llamado *Backstage* en donde pueden vender sus canciones. Es original y toma menos comisión que iTunes y otros. Cuando él está de vacaciones, la gente sigue comprando canciones— está haciendo dinero sin estar presente.

El internet provee una gran oportunidad para crear este tipo de productos que requieren poco mantenimiento. Desafortunadamente, también ha generado una nueva ola de sitios prometiendo riquezas en un instante con sólo seguir su fórmula, usando palabras como, "asombroso, secreto, riqueza, fácil, ingreso pasivo y único" para describirlo. Pero las últimas dos palabras de un programa de mercadeo destinado al fracaso son, "yo también". Si todo el mundo lo está haciendo (hay miles de sitios que dicen que tiene el secreto para ser rico), probablemente no es el mejor lugar para que usted intente hacer dinero mientras se va de vacaciones.

Las propiedades de finca raíz, si se manejan bien, pueden generar dinero también sin necesidad de estar presente. Es lo mismo para las acciones, los bonos y otras formas de inversión.

El ingreso por anualidad es un ingreso continuo que nos llega cada cierto tiempo, a diferencia del ingreso incidental que viene sólo una vez, como resultado de vender algo, terminar un proyecto, etc. Esta es una gra forma de hacer dinero cuando estamos de vacaciones.

Sociedades

Si usted no es megatalentoso, no quiere empleados y no cree tener un proceso, producto o servicio original que pueda vender, entonces podría asociarse con alguien. Tres dentistas compartiendo un lugar les permite que uno de ellos se vaya de vacaciones mientras el negocio sigue abierto. En realidad esto no es hacer dinero mientras se está de vacaciones pero es una buena alternativa.

Pero hay que tener cuidado con las sociedades en términos legales. Sería mejor contratar otros dentistas como empleados en lugar de crear una sociedad. En una sociedad hay muchas opiniones diferentes y nadie está a cargo. Evítelas si puede.

Ingreso pasivo (no realmente)

No creo que el ingreso pasivo como tal exista. En lugar de "pasivo" debe llamarse "anualidad", pues es lo más cercano a un verdadero ingreso pasivo. El ingreso de una anualidad puede venir cada día, cada semana, o cada mes sin necesidad de prestarle la misma atención que necesita el ingreso común. Este se puede obtener cuando se tienen propiedades a la renta, con productos que la gente compra por internet, contratos a largo plazo con individuos o compañías, o longevidad en la industria financiera o de seguros.

Pero si usted espera generar ingreso que simplemente llegue sin prestarle atención (pasivo), tiene que cambiar su manera de pensar. No existe. Todos los ingresos necesitan ser supervisados y administrados en un nivel u otro, o va a desaparecer muy rápido. Un gran porcentaje de los que ganan la lotería termina en problemas financieros y banca rota porque creyeron que tenían ingreso pasivo.

Es lo mismo con las acciones. Hay que manejar bien las inversiones en la bolsa de valores o se puede perder todo.

Las anualidades son la base para un negocio maduro. Pero saque la frase "ingreso pasivo" de su vocabulario y tendrá una vida financiera más segura.

Hacer lo que sea necesario

Incluso con estas medidas, vamos a tener distracciones, batallas, dificultades y a veces simplemente aburrimiento que nos va a estorbar en el camino hacia la Fecha de Madurez Empresarial. Necesitaremos toda la ayuda que podamos usar. Empecemos con el Gran Porqué y los Dos Jefes, luego organicemos un Club 3a5 con otros que estén tan comprometidos como nosotros a construir un negocio que haga dinero mientras estamos de vacaciones.

CINCO MINUTOS AL DÍA

A través de los años de tropezarme en mis negocios y en ayudar a otros empresarios, he compilado una larga lista de razones por las que los negocios funcionan y por qué fallan. Ese sería otro libro en sí mismo, pero otra cosa que sería útil para usted es empezar cada día con cinco minutos para alimentar su visión y así darle un contexto a su día para esforzarse a alcanzar la madurez de su empresa.

Tome cinco minutos todos los días para repasar sus metas de vida, su estilo de vida ideal y su Fecha de Madurez Empresarial, y adopte el hábito de leer un párrafo o dos de algo que mantenga su mente enfocada mientras su cuerpo batalla contra la tiranía de lo urgente. A continuación tenemos 22 elementos que debemos tener siempre muy claros para movernos siempre hacia adelante.

Hay 22 días hábiles en un mes—use estos elementos para comenzar cada día, o repáselos cuando sea necesario para reenfocarse, junto con los otros conceptos en este libro.

#1—No deje que su estilo de vida se adelante a su negocio.

Hágase esta pregunta constantemente:

1. ¿En cuál de las Siete Etapas Empresariales está mi empresa?
2. ¿Qué etapa estoy viviendo yo?

Es tanto el desespero por estar en la etapa 6 (Significado) o 7 (Sucesión) que no podemos esperar para salir corriendo y vivir allí sin importar que la empresa esté en etapa 3 ó 4. A alguna gente le gusta usar la frase "empresas de estilo de vida". Ese es un eufemismo para "hobby". Una verdadera empresa de estilo de vida es la que lo lleva a su estilo de vida ideal. La mayoría de los que tienen ese tipo de empresas están muy lejos de su estilo de vida ideal.

> A alguna gente le gusta usar la frase "empresas de estilo de vida". Ese es un eufemismo para "hobby".

No me sorprende por qué tan pocas empresas son exitosas. Estamos viviendo dos o tres etapas adelantados a nuestra empresa. Regrese y arrastre su empresa hasta que llegue a la etapa donde usted quiere vivir. Funcionará mejor así y con más seguridad alcanzará su Fecha de Madurez Empresarial.

#2—Mírese al espejo y pregúntese, "¿Qué estaría haciendo ahora si no tuviera miedo?"

Si no tiene miedo, entonces reemplace esa palabra con la palabra o frase que lo está deteniendo—aversión al riesgo, miedo de perder dinero, atrapado en el día a día, amargado, intentar perfeccionar todo antes de tomar acción, improvisar sin planear, o estancado en hacer dinero. Usted podría encontrar una palabra o frase diferente para esta oración cada semana, pero es una buena manera de ayudarnos a hacer lo correcto. Invente algo, compártalo con sus Ojos Externos y avance.

Bob Parsons, el fundador de Parsons Technologies y Go-Daddy dice, "Salga y quédese fuera de su zona de confort."

Ray Kroc, el fundador de McDonalds, era más directo, "Si usted no quiere tomar riesgos, entonces lárguese del mundo de los negocios."

#3—Generalmente, obtenemos lo que le ponemos intención, no esperanza.

Vivimos en un mundo de gratificación instantánea, métodos para hacerse rico rápido, secretos para el éxito, sistemas que nos enseñan cómo relajarnos y "creer" para así llegar al éxito, y otras cosas que nos distraen del verdadero trabajo que lleva al éxito.

Pero sabemos que la intencionalidad es la clave. Lo que alguien quiere verdaderamente se va a mostrar en lo que hace, no en lo que dice. Mire bien dónde está usted hoy invirtiendo su tiempo y su dinero y evalúe si eso está alineado con lo que usted dice son sus metas de vida y su Fecha de Madurez Empresarial. Establezca un plan para hacer los ajustes necesarios y reenfocarse si es necesario.

#4—Momentos Trapecio—Tome decisiones con base en donde quiere estar, no en donde está.

Los soñadores hablan del futuro, los visionarios caminan con intención hacia él. ¿Qué riesgo está usted evitando pero necesita tomarlo para llegar a su Fecha de Madurez Empresarial? Estos son lo que llamo Momentos Trapecio.

La razón principal por la cual no tomamos buenos riesgos es que no estamos seguros para dónde vamos y cuándo queremos llegar. Si no sabemos para dónde va la empresa, no tendremos una buena razón para tomar riesgos. Ni siquiera podremos diferenciar un riesgo malo de uno bueno, lo que nos vuelve más temerosos de los riesgos. Pero si sabemos cómo será nuestra empresa en la madurez, tendremos un faro a la distancia que nos alejará de los malos riesgos y nos dará la esperanza necesaria para tomar los buenos riegos que nos llevarán a la madurez.

Espero que esto le ayude a ver qué tan importante es tener una Fecha de Madurez Empresarial. Si le da miedo escoger una, piense que es peor vagar por el desierto de los negocios por 30 años y no llegar a ningún lado. Una vez tenga su FME, se dará cuenta que es liberadora, motivante y emocionante. Y lo va a sacar de la cama cada mañana como ninguna otra cosa.

Usted tendrá que abandonar algo que lo está deteniendo y no lo deja tomar el siguiente paso. ¿Qué es? Decida tomar ese riesgo, póngale una fecha y anúncielo públicamente. Permita que aquellos que son sus ojos externos puedan ver el proceso.

#5—Soñadores y Visionarios

Alguien que pueda describirme una situación futura que tienen la esperanza que se dé, pero no tiene una fecha clara de cuándo quiere estar allá y no está persiguiendo la visión activamente, es simplemente un soñador. A un soñador le encanta pensar en el futuro y lo que podría ser, pero no hay una conexión concreta entre la situación futura y el trabajo que se necesita hacer hoy para llegar allá. Y el soñador nunca pone una fecha para el día en que va a llegar allá. La intencionalidad no es una de sus fortalezas.

La diferencia entre un soñador y un visionario es que el visionario ya ha tomado los pasos requeridos para crear un cambio real y duradero:

1. Tome una decisión (deje de hablar y soñar, comprométase).
2. Póngale una fecha.
3. Anúncielo públicamente.

Una persona que hace esto ha quemado los puentes y se ha puesto en una posición donde esa realidad futura es el enfoque de todo lo que hacen. Están haciendo todos los días las cosas que los llevarán allá. Hasta que usted tome estos tres pasos para crear un cambio duradero y empiece a moverse hacia esa fecha, va a seguir soñando y jugando a la oficina.

Un soñador nunca le pone una fecha a su destino.

#6—Claridad, esperanza y riesgo

Claridad—¿Tiene usted claridad acerca de lo que debe estar haciendo hoy para construir un negocio que haga dinero mientras está de vacaciones? Si no, mire bien su Plan Estratégico, su Fecha de Madurez Empresarial, y sus metas de vida.

Esperanza—Los deseos y la esperanza son cosas muy diferentes. Los deseos vienen de los sueños, mientras que la esperanza viene de tener claridad en la visión. Una visión clara saca a la gente de la cama en la mañana porque tienen esperanza de que pueden llegar allá. Los soñadores se quedan en la cama y desean que las cosas fueran diferentes. ¿Tiene usted una verdadera esperanza?

Si usted tiene una imagen clara de su destino, puede tener la esperanza de llegar allá.

Riesgo—Si tiene esperanza en el futuro, hay más probabilidad de que tome riesgos mesurados. La bolsa de valores se cae porque la gente pierde la esperanza y no toma un riesgo. Los empresarios se estancan y dejan de trabajar para obtener su estilo de vida ideal porque no tienen una imagen clara de esa vida ni le han puesto una fecha.

El riesgo viene de la esperanza, la cual viene de la claridad. Obtenga claridad en su dirección esta semana y cómo lo que está haciendo esta semana encaja con sus metas de vida y su Fecha de Madurez Empresarial.

#7—El problema con los paracaídas

Las empresas muy pequeñas, en sus primeras etapas, fallan todo el tiempo por una razón muy grande—el dueño está jugando a la oficina. No están completamente comprometidos con lo que están haciendo. Piensan que lo más sabio es mantener su empleo actual y crecer su sueño por un lado. Suena razonable y, en algunos casos, es la única cosa correcta para hacer.

Pero muy a menudo el efecto neto es un salto en paracaídas subliminal fuera del negocio cuando las cosas se ponen difíciles (y a todo negocio le pasa). Si usted fuera la única persona en un avión además del piloto, y el piloto se muriera y usted tiene un paracaídas, ¿qué haría usted? ¡Saltar! ¿Y si no tiene un paracaídas? Pues tomaría un curso rápido en cómo aterrizar un avión.

> Cuando tenemos una puerta trasera, somos presa fácil del fracaso.

Cuando tenemos una puerta trasera, una válvula de escape, unsa salida, nos ponemos una trampa a nosotros mismos para fracasar. Toda empresa pasará por momentos difíciles, y si tenemos un paracaídas, es muy tentador salirse.

Queme el barco que lo llevó hasta su negocio tan pronto como pueda. Así tendrá más probabilidades de éxito.

#8—Persiga lo simple, huya de lo complejo.

La Navaja de Ockham dice que cuando se ofrecen dos explicaciones para un problema, la explicación más sencilla suele ser la correcta. Si aplicaramos esta idea antigua a los negocios, haríamos muchísimo más dinero.

He visto que los empresarios exitosos saben cómo filtrar la tiranía de lo urgente y enfocarse en la prioridad de lo importante. En ese sentido, parece ser que las cosas simples son las que nos hacen dinero y las cosas complejas las que nos hacen ocupados.

Las cosas simples nos hacen dinero. Las cosas complejas nos hacen ocupados.

Lo irónico es que las cosas simples suelen ser más difíciles de hacer, y las cosas complejas son fáciles de hacer.

Nos escondemos en las cosas complejas. Cuando tengo algo simple que me va a hacer dinero, pero es algo que me parece difícil hacer, trato de encontrar algo complejo para perder mi tiempo pero que me hace sentir que estoy siendo productivo. Los empresarios exitosos saben que las cosas simples los van hacer avanzar y enfocan su tiempo y atención en ellas.

Los administradores lidian con lo complejo; los líderes trabajan con lo simple. Lidere su empresa—manténgase enfocado en esas cosas simples que hacen más dinero en menos tiempo.

#9—El individualista obstinado

En ningún ámbito en nuestra sociedad, excepto los negocios, llevamos un estilo de vida solitario, individualista. Si nos casamos, tenemos comunidad instantáneamente. Nos mudamos a una nueva parte de la ciudad y tenemos vecinos. Compramos una bicicleta y luego andamos en grupo a todas partes. Nos unimos a un club y allí hay más comunidad. Luego comenzamos un negocio y estamos solos—buena suerte con eso, nos dicen.

Es una locura. ¿De dónde viene la idea de que un empresario es como el llanero solitario? Con muy pocas excepciones, los empresarios más exitosos tienen ojos externos en su empresa—gente que puede opinar acerca de su estilo de liderazgo, su forma de tomar decisiones, y dirección—y les ayudan a llegar a sus metas. Si usted piensa que puede hacerlo solo, le puedo presentar a mucha gente que se arrepintió de haberlo intentado así.

Usted no lo sabe todo, no lo ha experimentado todo. Los libros nos dan información, no conocimiento. El conocimiento viene con la experiencia, y la sabiduría viene cuando tenemos muchísima experiencia. Yo necesito urgentemente ojos externos en mi negocio.

Para tener mejores empresas, debemos olvidarnos de la idea de que somos llaneros solitarios y debemos empezar a trabajar en comunidad.

#10—"Amo lo que hago" (eso es un problema)

Traducción: "No quiero construir un negocio porque entonces no podré practicar mi oficio...Estaré muy ocupado manejando la empresa."

Frank Gehry, el arquitecto de fama mundial, es mi héroe en este sentido. Frank ha construido una gran empresa de arquitectura, pero en lugar de ser la persona que se sienta detrás del escritorio lujoso a mirar las hojas de finanzas, tiene a alguien más haciendo eso. Al tener una empresa madura, Frank Gehry puede escoger lo que quiere hacer con su tiempo. Él pasa mucho tiempo jugando con arcilla, dándole forma, mirándola y haciendo pequeños cambios.

> Construya un negocio que le permita hacer las pocas cosas que lo apasionan.

Cuando termina, se la lleva a uno de sus empleados y le dice, "Tome, construya esto." Y luego sigue con el próximo pedazo de arcilla.

¿Mi punto? Si usted se toma el tiempo para construir una empresa madura, y le encanta ser el artesano, puede diseñar su empresa (¡usted es el dueño!) de tal manera que pueda pasar más tiempo haciendo lo que le gusta.

Construir una empresa no significa que usted ya no puede ser el artesano. Puede signifcar que usted va a tener más tiempo para serlo. Y lo más importante, significa que usted será próspero, no solamente rico, porque ahora usted puede escoger qué hacer con su tiempo. Produzca si usted quiere, juegue golf si usted quiere, pase tiempo en su benficencia o iglesia si usted quiere.

#11—Control

Aunque no deberíamos estar luchando con el control, tengo que incliurlo como una de las razones por las que las empresas no crecen y terminan mal. Muchísimos empresarios tienen la mentalidad de que no hay nadie más que pueda hacer su trabajo tan bien como ellos lo hacen.

Olvídelo.

Si usted quiere construir una empresa que haga dinero mientras está de vacaciones, va a tener que crecer junto a su negocio y renunciar a las cosas que otros hacen mejor, para que usted se pueda dedicar a lo que es su especialidad.

Ser obsesionado con el control es una de las razones principales por las que las empresas nunca llegana a la madurez.

> Perdemos mucho tiempo probando que nadie lo puede hacer tan bien como nosotros.

El artesano enfocado en el producto piensa que nadie puede hacerlo tan bien como él, y lo comprueban acabando con sus empleados, asegurándose que estén mal entrenados, sus procesos mal definidos, etc. Lo triste es que la mayoría de las empresas es comenzada por artesanos enfocados en el producto.

Si usted quiere ser el dueño de la tienda de la esquina durante 40 años, la cual sólo pueda vender por su capital y la lista de clientes, entonces siga controlando todo. De otra manera, vuelva y lea los capítulos sobre el Perfil Ápex, Mapeo de Procesos, y Cómo Bajarse de la Caminadora y descubra cuál es el mejor uso de su tiempo. Será más divertido construir un negocio que haga dinero mientras está de vacaciones en lugar de estar haciendo dinero y ya.

#12—Confusión continua e intencional—Victimología

Este es fascinante. Pero es más fácil escribir al respecto que confrontar a un empresario con esta mentalidad. Una de las razones por las que una empresa falla es que inconscientemente, pero de todas maneras con intención, seguimos confundidos. No importa qué tanto se haya intentado traer claridad a la situación, consideramos que la nuestra es única y especial, un caso que absolutamente nadie más puede resolver.

He lidiado con muchos de estos empresarios y es la mentalidad más difícil de cambiar. Siempre y cuando estén confundidos, creen que no necesitan tomar responsabilidad. Es la mentalidad de una víctima—hay 32 razones fuera de mi control por las que no puedo ser exitoso. Y mientras no sea capaz de resolverlas, soy sólo una víctima de mis circunstancias únicas y especiales.

Las circunstancias no nos convierten en lo que somos, sino el cómo respondemos a ellas.

Ser intencional es muy importante. Si su intención es obtener claridad en su destino y el de su empresa, y cuándo quiere llegar allá, lo puede hacer. Si su intención, incluso inconscientemente, es seguir confundido, lo va a estar. Pero sepa esto—su situación no es única ni especial. Es muy fácil encontrar gente que está pasando por adversidades peores que las nuestras, y es muy fácil encontrar personas que han tenido éxito en las áreas donde nosotros no lo hemos tenido.

> Encuentre a otros que han tenido peores adversidades y han triunfado. Imítelos.

#13—Miedo a lo posible

El miedo al fracaso es una razón común por la que no se lleva una empresa a la madurez. Pero lo triste es que si usted nunca lo intenta porque tiene miedo a fracasar, entonces ya ha fracasado. No se crea la mentira que usted no ha fallado, pues ni siquiera lo ha intentado.

Hay dos clases de miedos en el mundo: el miedo a lo posible y el miedo a lo probable.

Está bien temer lo probable, pero no lo que es posible. Si usted tiene miedo de lo posible, entonces nunca irá a caminar a donde sea posible que viva un oso, porque es posible que el oso lo ataque. Si usted teme lo probable mientras está caminando y ve a un oso cerca, usted va a salir corriendo.

Tema sólo lo probable, nunca lo posible.

El miedo a lo posible nos paraliza, el miedo a lo probable es liberador y no nos deja hacer cosas tontas. El miedo a lo posible no nos deja ver el mundo como realmente es porque es posible que el avión en el que estoy sea el uno entre mil que no llega. El miedo a lo probable no nos deja meternos en peligro inminente, ni personalmente ni en los negocios; de hecho nos ayuda a seguir adelante, creciendo y enfocados en nuestras metas de vida.

#14a—Miedo al éxito

Esta clase de miedo es extraña pero bastante común. "¿Qué pasará si mi empresa es exitosa? ¿Será que voy a tener mucha presión a mi alrededor? ¿Hará esto que mis fallas sean mucho más evidentes para todo el mundo? Es mejor cometer errores en mi microcosmos, quedarme con mi empresita y no hacer nada significativo con mi vida".

No lo puedo ayudar con esto. Sólo puedo ayudarlo a que enfrente ese miedo y esperar que usted decida si va a superarlo. Yo creo que si sus metas de vida, el estilo de vida ideal y la FME no son claros y emocionantes, entonces el miedo al éxito los va a anular. Recuerde que la claridad trae esperanza y la esperanza nos ayuda a tomar riesgos para ser exitosos. Una visión para su vida puede ayudarle a superar el miedo al éxito.

#14b—Miedo que lleva al fracaso

He aquí algo probable que sí debe temer: Es probable que si usted no *a)* decide hacer algo, *b)* le pone una fecha, y *c) lo* anuncia públicamente, usted nunca va a hacer nada significativo, simplemente porque nunca tuvo la intención de hacerlo. Eso es algo que hay que temer.

Si usted intenta lograr una meta, es posible que no lo logre. Pero si no lo intenta, es mucho más probable (¿100 por ciento?) que no lo logre. Su falta de decisión es en sí una decisión—ha escogido temor y fracaso en lugar de riesgo y recompensa.

Un hombre encuentra de todas maneras su destino en el camino que intentó evitar.

#15—Miedo a la incertidumbre

Es muy claro para mi lo que significa la madurez de mi negocio al 18 de febrero del 2011 a las 10 a.m. ¿Significa eso que conozco todos los detalles? Al contrario. Estoy seguro que en el futuro voy a mirar hacia atrás y me voy a reir de algunas de mis proyecciones, de cosas que pensé serían grandes, y de otras que nunca me imaginé. No me preocupa porque tengo la pregunta correcta: "¿Cómo construyo una empresa madura y cuándo quiero que pase?" Constantemente mejoro la respuesta a esta pregunta.

Es como Frodo en *El Señor de los Anillos*, que no tenía idea de cómo llegar a Mordor, pero era claro que tenía que llegar allá. No había confusión acerca del resultado final.

Pero la gente no se toma la vida de esa manera sino que quieren entender el proceso en detalle, saber cada paso, en vez de entender completamente el objetivo. Algunos hasta se olvidan de descubrir el resultado final. Sólo quieren disfrutar el proceso y no tener sorpresas en el camino hacia ninguna parte.

El gozo está en la jornada, no en el lugar de destino.

Puedo asegurarle con convicción que la clave no es descubrir todo el proceso por adelantado, sino descubrir lo que la madurez empresarial significa para usted y exactamente cuando. Si usted sabe para dónde va, descubrirá el proceso porque el resutado final es muy claro. ¿Cuál es su Mordor? Tenga eso en claro, junto con unos pocos pasos siguientes, y todo saldrá muy bien.

#16—Rapidez, intencionalidad, urgencia, visión

Muy a menudo las empresas no crecen porque les falta rapidez de ejecución. No tenemos rapidez de ejecución porque no tenemos intencionalidad. No tenemos intencionalidad porque no tenemos una sensación de urgencia atada a la prioridad de lo importante. No sabemos lo que es importante porque no tenemos visión. No tenemos idea para dónde vamos o cuándo queremos llegar.

> La rapidez de ejecución es el mejor indicador de éxito.

La claridad trae esperanza, y la esperanza nos lleva a tomar riesgos para movernos. En los primeros años de una empresa, la rapidez de ejecución es el mejor indicador de éxito. Así que muévase.

#17—Conación

Por mucho tiempo, los psicólogos han descrito lo que se conoce como los tres aspectos de la mente: Cognición— la habilidad para pensar; Afecto—la habilidad para sentir; y esta palabra extraña y curiosa, Conación—la voluntad y habilidad para hacer. Nuestro sistema educativo tiene una visión distorsionada del aprendizaje que promueve el pensar y el sentir pero excluye el hacer. Hemos sido entrenados para creer que pensamos nuestro camino a una nueva forma de actuar. Vemos la cognición—pensar—como el fundamento más importante donde el resto reposa. Y por supuesto que a todos nos gusta sentir. Así que el afecto también recibe muchísima atención. *Pero no pensamos nuestro camino a una nueva forma de actuar. Actuamos nuestro camino a una nueva forma de pensar.*

¿Quiere crecer una empresa madura? Añada "conación" a sus verbos diarios—la voluntad de ser exitoso que se manifiesta en la persecusión obstinada de una meta. Claridad—conozco mi meta; Esperanza—la voluntad obstinada que viene de saber mi meta; y Riesgo—la persecución obstinada—de hecho haciéndolo.

Es el acto de hacer el que nos transforma, no el acto de pensar. El pensar nos puede preparar para actuar, pero cuando hago algo y avanzo, estoy aprendiendo más que cuando me siento a pensar en cómo avanzar. Por eso la intencionalidad es vital.

Obtenga una idea razonable de lo que quiere hacer, una imagen clara de su estilo de vida ideal y cuánto debe generar la empresa para mantenerla, póngale una fecha, anúnciela públicamente y muévase. Recuerde que el mejor indicador de éxito en un negocio nuevo no es la planeación o el mercadeo o el producto sino la rapidez de ejecución.

#18—Un plan malo en movimiento es mejor que un buen plan en proceso de investigación.

La falta de conación no nos deja avanzar. Estamos tan ocupados con el raciocinio y el afecto que nunca alcanzamos a hacer nada—siempre aprendiendo y nunca llegando al conocimiento (acción) de la verdad.

Deje de pensar en lo que está haciendo. La cognición no lo va a llevar allá. Deje de esperar a que se sienta bien para hacerlo. Las emociones son indicadores muy malos de qué tan exitosos seremos en el futuro (en realidad sólo nos hablan del pasado).

Se trata de comprometerse a ejecutar el mal plan que tenemos, no a perfeccionarlo. Muévase.

Aplique la conación. Tenga un plan decente, asegúrese que sus ojos externos lo vean y póngalo en acción.

El éxito no lo determina qué tan bueno sea su plan, sino qué tan comprometido está al plan malo que tiene. Siempre y cuando sepa con claridad para dónde quiere ir y cuándo quiere llegar, usted va a descubrir el proceso a medida que avanza.

La cognición requiere que entendamos la metodología y tengamos el proceso claramente desarrollado antes de empezar. La conación requiere que sepamos para dónde vamos, cuándo queremos llegar, y que nos empecemos a mover lo más rápido posible con ese fin. No se pare a discutir de dónde vienen las balas. Muévase.

#19—¿Seré un fracaso si no logro mi fecha de madurez empresarial?

Si su meta era llegar a su Fecha de Madurez Empresarial, entonces sí, fracasó. Pero si llegar a su Fecha de Madurez Empresarial es sólo un punto intermedio en el camino hacia alcanzar sus metas de vida, entonces no. Simplemente haga unos ajustes y siga avanzando, porque lo único que importa es llegar a su estilo de vida ideal para que pueda vivir sus metas de vida.

Recuerde que las metas de vida nunca se pueden marcar como completadas. Desde que tenga la salud y los recursos necesarios, siempre podrá trabajar en su beneficencia, viajar, jugar con sus nietos, hacer ejercicio, impactar las vidas de los demás, y vivir una vida con significado.

Si cuando llegue la FME, su empresa no es lo que se imaginaba iba a ser, ¿qué importa? El hecho es que está mucho más cerca de ese punto sólo teniendo la claridad para tomar el riesgo de intentarlo. Puede ser que tenga que añadir seis meses o un año y, en lugar de cuatro, serán cinco años para llegar a la madurez. Pero si no lo hubiera intentado en cuatro años, todavía estaría estancado en la etapa 4 y ahí se quedaría por 30 años. Eso no es ningún fracaso.

Es mejor tomar el riesgo de llegar a la FME seis meses antes o dos años después que tener fe en la suerte.

La fe en la suerte no es una muy buena estrategia empresarial, sino que lleva al fracaso. El azar no tiene nada que ver con el resultado final. Si sólo sueña con algún día tener una empresa que le dé significado, con seguridad nunca lo va a lograr. No tema incumplir su Fecha de Madurez Empresarial—tema no tener esa fecha.

#20—Siete principios para tomar decisiones que nos llevan a tener ganancias

El cómo tomamos decisiones afecta todo lo que hacemos. ¿Está guiando su empresa o ella lo dirige a usted? ¿Está usted reaccionando a lo novedoso o liderando su empresa con un plan estratégico? ¿Quién está verdaderamente a cargo?

Como los rieles que guían a un tren, sus principios para la toma de decisiones son una estrategia central para tener una empresa que sabe para dónde va y cómo llegar allá.

7 PRINCIPIOS DEL GRUPO CRANKSET PARA LA TOMA DE DECISIONES:

1. Fecha de Madurez Empresarial—Saber para dónde vamos y cuándo queremos llegar.

2. Hacer más dinero en menos tiempo.

3. Enfoque en las metas de vida, no sólo el crecimiento.

4. Ser el dueño de la empresa y no un empleado más.

5. El mejor uso de mi tiempo, trabajando en y no para la empresa.

6. Tomar decisiones con base en donde quiero estar, no donde estoy.

7. Planes malos ejecutados con violencia muchas veces dan buenos resultados. Hay que hacer algo.

¿Cuáles son los principios de su empresa?

Ya usted tiene algunos principios para tomar decisiones en la forma en que maneja su empresa, así que escríbalos y mire si reflejan su visión. Tome el control del futuro de su empresa.

#21—Atascado en neutro

La peor forma de construir una empresa o lograr una meta en la vida es huir de algo. La gente que se enfoca en no ser como su padre alcohólico tienen una mayor posibilidad de ser como él. No están corriendo hacia algo, están corriendo para huir de algo.

La mejor forma de construir una empresa y vivir una vida de significado es correr desenfrenadamente hacia algo, teniendo una llama azul saliendo de su espalda y que dice, "Esta es la única cosa que hago." Por eso insisto tanto en que usted sepa sus metas de vida y su Fecha de Madurez Empresarial—para que pueda correr desenfrenadamente hacia algo. La gente que vive así casi siempre es exitosa y el resto simplemente se quita de su camino.

> Si usted no tiene una visión para su vida, se va a convertir en parte de la visión de otra persona.

Pero aún peor que huir es quedarse atascado en neutro. Como dice John Heenan: Si usted no tiene una visión para su vida, se va a convertir en parte de la visión de otra persona.

¿Hacia dónde está usted corriendo? ¿Por qué?

#22—Viva una vida desorientada

Yo creo que los adultos no aprenden a menos que estén desorientados. Tenemos que ser sacudidos de nuestra realidad para que escuchemos. Los niños pequeños aprenden todo el tiempo y lo absorben todo porque tienen un 100 por ciento de seguridad de que no lo saben todo aún. A medida que crecemos, estamos seguros de que sabemos cosas, y dejamos de aprender.

> Esté seguro de muy pocas cosas. Viva una vida desorientada.

Cuando empecé a tomar lecciones de golf, ya había estado practicando y leyendo libros de golf por algunos años, así que pensé que por lo menos sabía un 20 por ciento de lo que había que aprender en el golf. Después de un año de clases me di cuenta que no sabía ni el 5 por ciento y cada vez parecía que sabía menos.

Esté seguro de muy pocas cosas. Viva una vida desorientada.

LOGRÁNDOLO

Stephen Lipscomb, uno de mis clientes, decidió a los 25 años que se iba a retirar a los 50 con $6 millones de dólares en el banco. A los 50, ya tenía los $6 millones y se había jubilado. Un año después lo perdió todo cuando el mercado de bien raíz se cayó en el 2008. Completamente devastado, vino a mi para ver cómo recoger los pedazos y volver a comenzar. Estaba muy deprimido, le era difícil trabajar cuando estaba en la oficina, y casi todos los días se iba a la casa a la 1 p.m.

Stephen no tenía idea de cómo poner a marchar su vida de nuevo. Le había tomado 25 años amasar su pequeña fortuna y pensar que tenía que trabajar tan duro por otros 25 años hasta que tuviera 75 era insoportable. Todo lo que había alcanzado y para lo que había trabajado se desvaneció. Su vida era una coraza vacía y él era sólo una sombra de lo que era antes.

¿Pero por qué? ¿Cuál era el verdadero problema? ¿Era porque se necesitaban 25 años para acumular suficiente dinero para disfrutar la vida? No lo creo. La raíz de la depresión actual de Stephen es que él había decidido (su intención era) que le iba a tomar 25 años la primera vez, y así fue. Así que se había probado a sí mismo que necesitaría 25 años la segunda vez, y tener 75 antes de lograrlo era demasiado deprimente.

No soy un gran proponente del "pensamiento positivo" porque muy a menudo se desconecta de la acción positiva, del desarrollo de habilidades positivas, de la disciplina positiva, y la diligencia. Pero creo que la razón principal por la que Stephen veía el futuro sin esperanza era su propia intencionalidad—en el pasado y el futuro. Su intención fue tomarse 25 años para dejar de trabajar y así lo hizo. Así que suponía que

que en el futuro iba a tomar la misma cantidad de tiempo y esfuerzo. Y así sería porque así lo creía.

Obtenemos lo que le ponemos intención. Por supuesto que hay fuerzas externas que apresuran o retrasan el proceso, pero casi siempre terminamos cerca de aquello que le habíamos puesto intención desde el principio. Pero más importante que llegar a donde queremos llegar, es que llegamos allá en el momento en que decidimos llegar.

¿Por qué la gente se jubila a los 60 ó 70 años? Porque esa es exactamente su intención. No tiene nada que ver con que se necesita mucho tiempo para acumular lo que se necesita para vivir una vida rica y significativa. Casi todos se toman 30 a 40 años para hacerlo porque nunca fue su intención hacer algo diferente.

El no elegir sigue siendo una elección. Por defecto escogemos tomarnos 30 a 40 años y aún así no crecemos una empresa madura. Constantemente nos hacemos parte de la visión de otros para sus vidas porque no teníamos una visión para la nuestra. ¿Está usted siendo arrastrado por el mundo por la tiranía de lo urgente o está tomando en serio la prioridad de lo importante y creando un futuro significativo para su vida?

CÓMO CREAR SU FUTURO

¿Cómo se guía un barco? No es moviendo el timón. Es moviendo el barco. El timón no va a voltear el barco a menos que el barco se esté moviendo. Y entre más rápido se mueva el barco, menos se tiene que mover el timón para hacer un impacto grande en la dirección del barco.

Su sueño no se convertirá en una visión con sólo pensar,

planear, investigar, esperar, desear y esperar el tiempo adecuado para moverse. No hay un tiempo adecuado y no existen buenos planes—todos los planes son malos una vez se enfrentan a la realidad. Tome una decisión y muévase. El movimiento le va a dar la retroalimentación para convertir su mal plan en un buen plan.

¿Qué tal si Stephen decidiera tomarse sólo cuatro años esta vez? ¿Podría una persona que acumuló $6 millones en riquezas personales en 25 años hacerlo en cuatro o cinco? Claro que puede, especialmente porque ya lo hizo una vez. Pero primero tiene que hacer el siguiente ajuste: en lugar de verse a sí mismo como una simple sombra de quien era en el pasado, tendrá que verse como mi amigo Donald McGilchrist se ve:

"Soy una simple sombra de mi mismo en el *futuro*."

Stephen está enfocado en lo que perdió y en lo que no puede hacer en el futuro. Hasta que no cambie su forma de pensar, su intención no será reconstruir su vida.

¿Cuál es su intención?

¿Es su intención acumular riquezas que no va a tener tiempo para usar, o construir una vida de significado y usar su negocio para lograrlo? Si se enfoca en la tiranía de lo urgente, lo máximo que hará es un poco de dinero (y nunca tanto como podría de otra manera).

Si se enfoca en la prioridad de lo importante, estará en el camino a la verdadera prosperidad. Pero como no vemos la forma en que estas cosas "importantes" nos hagan dinero hoy, siempre las aplazamos para después. Pero el después nunca llega. Tome la decisión de cuándo su empresa va a ser madura, póngale una fecha y anúncielo públicamente.

No se trata de que un empresario es más talentoso que

el otro ni que alguien más tuvo mejores circunstancias que usted. Es acerca de la intencionalidad.

Recuerde nuestra definición de prosperidad: la libertad y habilidad de escoger qué hacer con mi tiempo. Construya una empresa que haga dinero sin usted ser el productor para que pueda vivir una vida de significado para usted y aquellos en su mundo. Y hágalo de 3 a 5 años.

Epílogo

USANDO SU NEGOCIO PARA CONSTRUIR UNA VIDA DE SIGNIFICADO

Yo creo que todos tenemos un deseo natural de ser significativos y contribuir a la sociedad. Pero muy pocos creemos que estamos creando las reglas que nos van a permitir ser exitosos. Una forma en que la gente escapa de esto es viviendo sus vidas a través de otra gente en las novelas, los gurús, los actores, los grupos musicales, los deportistas famosos, los expertos empresariales y otros héroes.

En lugar de animarnos a ser y hacer lo mismo, este enfoque constante en la "gente excepcional" nos puede impedir vivir nuestra propia vida de significado. Sentimos que si nuestros héroes deportivos ganan, nosotros ganamos. O que si mi gurú me presta atención, soy significativo. Muchas veces idolatramos a nuestros héroes, sin darnos cuenta cómo llegaron allá. Y puedo garantizar que con muy pocas excepciones, no fue con talento sino con mucho esfuerzo.

¿Será que un compromiso profundo al esfuerzo requerido para alcanzar el Gran Porqué es lo que realmente produce significado y gozo?

¿Estamos tan enfocados en el resultado que pensamos que

alcanzarlo nos va a ser felices? ¿Por qué los atletas, las estrellas y los empresarios que ya están en la cima de sus carreras y con mucho dinero, siguen haciéndolo? ¿Por qué no se retiran una vez llegan allá?

Creo que es porque han encontrado el secreto del significado y el gozo, que estos no se encuentran en el destino sino en el camino, y que la clave de la felicidad es amar el proceso de esfuerzo constante.

¿Cómo llegan los mejores atletas a su máximo nivel? Con un esfuerzo constante en el gimnasio y en el campo de juego y un entrenamiento diario para perfeccionar su disciplina. Es un esfuerzo persistente, consistente e incesante. Y un amor profundo por ese proceso. Yo-Yo Ma (violonchelista de fama mundial) una vez le dijo a mi hija, "La clave para ser un músico de talla mundial es aprender a amar las prácticas; practicar cada día somo si se estuviera en el escenario en el Carnegie Hall para su concierto de debut."

¿Ama usted el proceso o está enfocado en el resultado? Mida el resultado, pero enfóquese en el proceso, y aprenda a amar el proceso de desarrollar sus músculos mentales. Aprenda a amar el proceso y el desarrollo continuo de su oficio y su empresa. Encontrará un mayor significado y gozo en haber sobrepasado los momentos difíciles y haber triunfado al amar el proceso persistente de alcanzar la madurez empresarial.

Sus héroes no llegaron allí con talento. Llegaron allí amando el proceso de llegar allí. Aplique los conceptos en este libro en su negocio, intente, falle, vuélvalo a intentar con más fortaleza y siga avanzando. Desarrolle sus músculos mentales uno a la vez, pero sin descanso. Un compromiso inquebrantable al proceso de alcanzar la madurez es lo único que nos va a llevar a la madurez y a nuestras metas de vida. Los resultados vienen de la intención, no de la esperanza.

Las circunstancias no me hacen quien soy, sino cómo respondo a ellas.

¡Responda con tenacidad! Eso lo llevará al éxito. Haga lo que sea necesario para construir un negocio y una vida con significado.

¡Hagámoslo juntos!

Acerca del autor

huck Blakeman ha sido un empresario toda su vida y ahora usa su experiencia para ayudar a otros empresarios a ser exitosos. Él dicta conferencias y asesora empresas en los Estados Unidos, Europa, África y Australasia. Su compañía, El Grupo Crankset, provee orientación basada en resultados, asesoría entre iguales y consultoría para dueños de empresas, gerentes y sus empresas en crecimiento.

Blakeman comenzó su carrera en el ejército de los Estados Unidos, seguido por 13 años de servicio en el desarrollo de liderazgo para organizaciones sin ánimo de lucro. Él comenzó y creció cinco empresas pequeñas, incluyendo una que vendió a la compañía de distribución de productos más grande de su país. Ayudó a liderar y reposicionar otras tres compañías que generaban entre $20 y $100 millones de dólares en la industria de servicios de apoyo al mercadeo.

Blakeman es considerado un líder en la industria de servicios de apoyo al mercadeo y tiene décadas de experiencia en ventas, mercadeo y operaciones con compañías involucradas en branding, desarrollo de bases de datos y sitios web, centros de llamadas, distribución, imprentas y correo directo.

Algunos de sus clientes fueron Microsoft, Apple, Eli Lilly, TAP Pharmaceuticals, Sun Microsystems, Tyco Healthcare, Johns Manville y muchos más.

Blakeman es un conferencista de negocios reconocido internacionalmente, con un promedio de más de 100 charlas y talleres al año. Ha sido citado y destacado en la revista Entrepreneur Magazine, en CNNMoney.com, en NYTimes.com, y otras publicaciones en los Estados Unidos, Australia y Nueva Zelanda.

Chuck está disponible para asesorías, conferencias, talleres y seminarios para ayudarle a los empresarios a hacer más dinero en menos tiempo y recuperar la pasión que los atrajo a los negocios.

Si desea tener a Chuck o a alguien de su equipo como conferencista en su evento o empresa, o para dictar seminarios, talleres, o proveer asesoría personalizada, por favor escriba a info@grupocrankset.com o visite www.grupocrankset.com para más información sobre los talleres y materiales disponibles.